Zunächst auf der West-Ost-Achse von Genf nach Rorschach und dann über die Nord-Süd-Route von Porrentruy nach Chiasso wandernd macht Daniel de Roulet ein Kreuz über sein Land. Er lädt uns ein, zu Fuß mit ihm zu erforschen, was Charles Ferdinand Ramuz «geografischen Patriotismus» genannt hat.

Auf jeder seiner insgesamt neunundzwanzig Etappen hat er ein Buch als Weggefährten dabei. Von Annemarie Schwarzenbach oder dem Vreneli ab dem Guggisberg über Jean-Jacques Rousseau, Stendhal, Agota Kristof, Niklaus von Flüe, Lenin oder Élisée Reclus bis zu Hermann Hesse, Max Frisch oder Tolstoi: Mithilfe ihrer Geschichten erweckt Daniel de Roulet unter Klischees begrabene Gebiete wieder zum Leben. Er webt dadurch ein «helvetisches Netz, um mich an der Welt festzuhalten, an dem, was ich gerne Globalität nenne, um damit der Globalisierung ein Schnippchen zu schlagen».

Ein atypischer, gedankenstarker Wander- und Literaturführer.

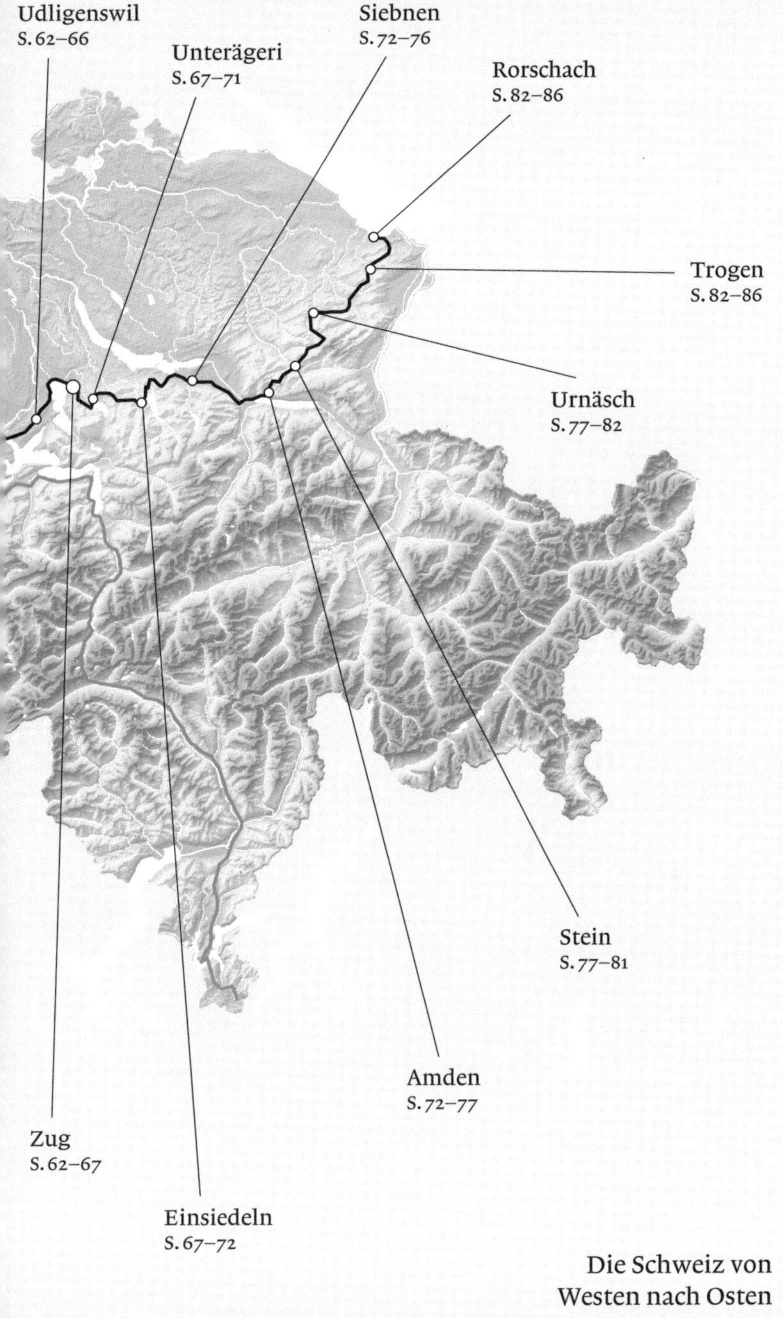

Die Schweiz von
Westen nach Osten

Daniel de Roulet

Durch die Schweiz

Wanderungen durch ein Land und seine Erzählungen

Aus dem Französischen von Maria Hoffmann-Dartevelle

Vorwort von Jean-Christophe Bailly

Limmat Verlag
Zürich

Vorwort

Keine Frage, die Schweiz, das sind Berge und Täler, Berge und Täler in endloser Abfolge, eine immer wieder begonnene, überarbeitete Faltung, eine mitunter völlig zerrissene, aber wie neu erscheinende Welt oder Weltlage, ja, frische neue Hänge mit alten Chalets und einer endlosen Fülle von Traditionen, eingegangen in die auf Prospekten abgedruckten Geschichten, während auf den Drehständern die Postkarten, nicht mehr ganz so zahlreich wie früher, vergeblich versuchen, das Geheimnis der Jungfrau oder des Eiger zu lüften, jenes der in den Höhen verborgenen oder der riesengroßen, ganze Täler ausfüllenden Seen, Wassertäler, so ruhig, dass sie einen zutiefst ergreifen. Und keine Frage, die Schweiz ist auch eine Abfolge von nicht sehr großen, durchwegs wohlhabenden Städten, die alle oder fast alle auf die schützenden Höhenzüge ringsum blicken, nicht gleichgültig, aber auch ohne besondere Freude, ja, man wünschte sich, es ginge dort ein wenig fröhlicher zu und es gäbe noch etwas anderes als diese akkuraten Kreisel und diese Genrebilder, bei denen man nie den Eindruck von improvisiertem Leben hat. Ja, da ist dieses «immer zu Diensten», Betonung inklusive, aber läuft man mal einfach drauflos und schaut genauer hin, stellt sich gleichzeitig etwas ganz anderes ein, eine Art Betroffenheit – denn letztlich kann man in all dieser fast schon beunruhigenden Friedlichkeit, die als Zuflucht dient, auch eine mit zittriger Hand beschriftete Oberfläche sehen, auf der sich ebenso viele Phantome und Gespenster tummeln wie überall sonst, wenn nicht noch mehr.

Ich erinnere mich an einen Text von Henri Michaux, in dem er ganz wunderbar davon erzählt, wie er eines Tages – eigentlich eines Nachts – in Basel beim Überqueren einer Brücke die Rheinmädchen oder Rheinfeen hörte, viele leise Stimmen, die ihm aus dem Wasser etwas zuriefen, winzige Loreleien, die, weil er das geschäftige Treiben ein wenig hinter sich gelassen hatte, unversehens auftauchten und sangen – und genau das ist die typischste Regung, die den Spaziergänger, den Besucher, wo immer er herkommen mag, erfasst oder erfassen sollte: ein Sprung ins Unbekannte an der Oberfläche des Durchwanderten, eine Art Diktat, das ihm erteilt wird von dem, was er durchquert. Und eben diesem Erlebnis ist man auf den Fersen, wenn man Daniel de Roulet folgt, wie er es uns vorschlägt, ihm, der beschlossen hat, durch die Schweiz zu wandern, nicht um sie zu entdecken oder wiederzufinden, sondern um sich unterwegs zu fragen, was dieses Land ist, was es zu erzählen hat und – wie man heute so locker (zu locker) sagt – wofür es steht. Denn das ist die schwierigste aller Fragen. Doch wie schön, bei diesem neuen Versuch Unterstützung zu finden, nicht durch Antworten, sondern durch Spuren, in diesem Fall Spuren derer, die ebenfalls – manche schon vor langer Zeit – dort entlanggelaufen sind.

So hat Daniel de Roulet nicht nur mit seinen Füßen zwei sich überschneidende Linien über das Land gezogen («Ich habe das Kreuz über mein Land gemacht», sagt er scherzhaft), vielmehr hat er beschlossen, sich auf jeder der geplanten neunundzwanzig Etappen seiner Wanderung von einem oder einer jener zahllosen Reisenden begleiten zu lassen, die die Schweiz – zweifellos und schon lange eines der am häufigsten durchquerten, meistbesuchten Länder der Welt – hat vorbeiziehen sehen. Zu den feinen, zarten Spuren, welche die Erlebnisse des Wanderers hinterlassen, gesellt sich also der vielstimmige Chor der von ihm gewählten Begleiter. Und damit zeigt sich die Vielfalt an Erzählungen, die ein Land birgt, wobei die offiziellen Erzählungen hier stets den unaufdringlicheren den Vortritt lassen, jenen, die aus den Tiefen oder aus verborgenen Winkeln kommen.

Einmal nur, weil es wohl sein musste, hat Daniel de Roulet einen unerträglichen Weggefährten mitgeschleppt, aber schließlich fortgeschickt, ansonsten und ohne dabei eine anthologische Sammlung, geschweige denn eine Rangliste erstellen zu wollen, macht er uns zu Zeugen und Miterlebenden eines glücklichen Miteinanders: Jenes Vergnügen, abends mit einem Buch in einer Herberge zu sitzen, wird somit zum Dauervergnügen des Lesers. Von Genf bis zum Bodensee und von Porrentruy bis nach Chiasso findet eine doppelte Wanderung statt. Und am Ende, als das Kreuz gezeichnet ist, merkt man, dass man etliche Wege gegangen ist, die in alle Richtungen und durch alle Epochen führen, fast als habe hinter der Gemächlichkeit des Wanderers doch noch etwas von den Siebenmeilenstiefeln eines Peter Schlemihl gesteckt. Natürlich hat Daniel de Roulet weder seine Seele noch seinen Schatten verkauft, nicht einmal an den romantischsten und ergreifendsten Orten (von denen das Land überquillt); Gefühlsausbrüche sind ihm fern, er macht sich die «klugen Beschreibungen» zu eigen, für die er Élisée

Reclus, seinen sechsundzwanzigsten Begleiter, lobt. Doch ganz gleich, ob es um den großen anarchistischen Geografen geht oder um Goethe, um Paracelsus oder um Robert Walser, ob man der mathematischen Idealität der Brücken von Robert Maillart oder dem Friedenstraum Henry Dunants begegnet, ob man, unmittelbar nachdem man an der abweisenden, furchteinflößenden Klinik entlanggelaufen ist, in der Anne-Marie Schwarzenbach ihre letzte Leidenszeit verbrachte, oder mit dem verliebten Benjamin Constant zu Pferde an Madame de Staëls Kutsche entlanggetänzelt ist, immer ist es eine kunterbunte Mischung, welche die Schritte des Autors vorantreibt, die selbst verwundert sind über die Vielzahl der zu bewältigenden Kontraste oder scheinbar leichten Anstiegen mit kräftezehrenden Höhenunterschieden.

Dass die Schweiz vor allem ein Land der Berge ist und als solches wesentlich größer und vielfältiger als man zunächst meinen könnte (Kafka fragte sich augenzwinkernd, wie groß die Schweiz wohl wäre, wenn man sie in der Ebene auseinanderziehen würde), bestätigt sich auf fast jeder Seite des Buchs, in dem durchgehend geografische Angaben zu finden sind – sei es bezüglich der Berge oder des Wassers, das in Wildbächen, Flüssen und Strömen, aber natürlich auch in den Seen stets etwas Wesentliches sagt oder leise summt: Dass die Schweiz in der Tat das Wasserschloss Europas ist, in dem Flüsse entstehen, die nach Norden und Süden und sogar (mit dem Inn) nach Osten fließen, und dass diese Lage eine komplexe ist, da zugleich freigiebig und abgeschottet, großzügig und unerbittlich. Darum sowie um Grenzen und Öffnungen hin zur Ferne, die in brandenden Wellen durch tiefste

Schluchten tost, geht es in diesem Buch, aber stets nur nebenbei und nie in gelehrtem Duktus, welches Wissen auch immer entfaltet wird.

Auslöser für seine Schweizdurchquerung über Kreuz, so Daniel de Roulet, sei das gewesen, was er seinen «geografischen Patriotismus» nennt. Und beim lesenden Mitwandern hat man das Gefühl, dies sei die einzig legitime Form von Patriotismus, eine, die jedem kollektiven Narzissmus und jedem Aneignungswillen entgegensteht. Genau dort, wo Daniel de Roulet sich am Schnittpunkt seiner beiden Routen befindet – bei Langnau im Emmental –, scheint er zu Reflexionen ansetzen zu wollen, zu einer Art Rückblick auf das von ihm Unternommene, das ihn selbst überrascht. Aber sogleich hält er inne und begnügt sich, da er «tiefschürfende Gedanken darüber, was ein Land ist» ablehnt, mit einer «kleinen Offenbarung». Dies ist zugleich einer der wenigen Momente im Buch, in denen sich der Schatten des Reisenden abzeichnet – ein Beweis dafür, dass er ihn nicht verkauft hat: «Ich bin auf der Welt und habe gerade meinen eigenen Weg gekreuzt», sagt er. Und dieser Moment an dem Punkt, wo das auf den helvetischen Boden gezeichnete Kreuz sich seiner selbst bewusst wird, vermittelt die ganze Spannung, die sich im Buch durchweg und mit so großer Eleganz als einfacher Spaziergang ausgibt.

Jean-Christophe Bailly

Vor dem Aufbruch

Der Gegenstand dieses Buchs ist die Schweiz. Nicht ihre Sitten und Gebräuche, sondern ein Land, das ich zu Fuß durchquert habe und das geografisch bereits gut dokumentiert ist. Und zwar so ausgiebig, dass ich auf jeder Etappe einen Reisegefährten mitnehmen konnte. In der Regel war es ein Buch, manchmal auch nur die Erinnerung an eine alte Bekanntschaft. So viele Leute haben schon vor mir diese Strecken zurückgelegt, dass ich nicht so tun konnte, als wäre ich ihr Entdecker. Ich bin sie nur abgewandert, um sie nochmals aufzusuchen.

Einsames Reisen, meist im Ausland, bin ich gewohnt und habe bereits an anderer Stelle erzählt, wie ich von Paris nach Basel oder von Saint-Malo nach Soissons gewandert bin. Oder auch von Mailand nach Rom. Diese Schweizwanderung habe ich erst spät unternommen, weil ich Wegen misstraute, die zu deutlich markiert sind, um echte Begegnungen zu ermöglichen.

Dem Land gegenüber, in dem ich durch Zufall geboren wurde, empfinde ich das, was Charles-Ferdinand Ramuz einen geografischen Patriotismus nannte. Umso mehr, als er das Gegenteil von bloßem Patriotismus ist. Beim Aufbruch in Genf habe ich eine von Mont Blanc und Savoyischen Alpen dominierte Landschaft bewundert, beide liegen in Frankreich. Bei meiner Ankunft in Romanshorn erstreckten sich am Horizont sanfte Hügel, österreichische und deutsche. Im Tessin, auf den letzten Etappen meiner Wanderung nach Süden, besteht die Landschaft größtenteils aus italienischen Bergen und Tälern. Mein geografischer Patriotismus ist also eher grenzüberschreitend.

Aber zugleich ist er nicht linguistischer Natur, Französisch spreche ich nur zufällig. Zur Beschreibung der Alpenkette bei schönem Wetter benötige ich mehrere Sprachen, darunter Deutsch, das ich mit meiner Mutter gesprochen habe, Italienisch, das ich mit der Mutter meines Sohnes spreche, der wiederum mit seiner Frau Englisch spricht.

Die Schweiz ist weder ein Land mit einer einzigen Sprache noch eine Nation, gerade mal ein Staat, vielleicht auch eine Befindlichkeit, die sich mit Meinungsvielfalt begnügt. Die könnte als weicher Konsens durchgehen. Statt meine Wanderungen als einen identitären Rückzug zu betrachten, habe ich darin einen guten Vorwand für die Verankerung einer gelassenen Annäherung an die Globalität erkannt. Wandernd habe ich mich entfremdet, habe das Kreuz über mein Land gemacht.

Ich habe einige Vorgänger gewürdigt. Es hätten durchaus noch mehr sein können, auch solche, die die Schweiz vom anderen Ufer ihrer Seen mit den flüssigen Grenzen aus betrachtet haben. In Evian hätte ich Marcel Proust zu Wort gebeten, in Konstanz Gérard de Nerval, in Belgirate Stendhal. Aber ich hatte mir vorgenommen, nur einen Weggefährten pro Etappe mitzunehmen. Ausnahmsweise habe ich das Land von innen heraus und ohne allzu große Umwege ausspioniert. Einfach um ein Schweizer Kreuz auf die Landkarte einer persönlichen Geografie zu zeichnen.

Die Schweiz von Westen nach Osten

Nichts zu lachen: vielleicht habe ich Heimweh

– Annemarie Schwarzenbach (1908–1942)

Für die Strecke von Genf bis Begnins wähle ich Annemarie Schwarzenbach als Wegbegleiterin. Ich habe zwei ihrer Bücher dabei, die ich heute Abend im Hotel lesen will. Ich verlasse Genf am Seeufer, entlang der Grandhotels, die von uniformierten, in ihre Ohrhörer hineinlauschenden Lakaien bewacht werden, solchen, die den vom Casino zurückkehrenden Dostojewski nicht mehr eingelassen hätten.

Ich wandere durch einen Garten, in dem sich ein Graf im Tausch gegen ein Vermächtnis an die Stadt ein Mausoleum hat errichten lassen, eine verkleinerte Kopie des Mausoleums der Scaligeri in Verona. Es folgen mehrere Parks, der Parc de la Perle du Lac mit Schweizer Chalet und einige andere, in denen sich internationale Organisationen niedergelassen haben. Auf Höhe der Welthandelsorganisation bleibe ich vor einem Busch stehen, der ein kleines Steindenkmal teilweise verdeckt.

Bei der Errichtung des Gebäudes, in dem früher die Internationale Arbeitsorganisation ihren Sitz hatte, wurden die Fassaden mit Steinmedaillons von etwa einem Meter Durchmesser geschmückt, eine Hommage an alle Arbeiter der Welt, vom Bauern über den Astronomen bis zum Mechaniker. Alles Männer! Und das, obwohl die meisten Angestellten im Amt Schreibkräfte waren, also Frauen. Die hatten eines Tages die Idee, ein zusätzliches

Medaillon meißeln zu lassen, das eine von ihnen hinter ihrer Schreibmaschine zeigen sollte, und es im Park aufzustellen. Diese kleine, hinter einem Busch vergessene Skulptur grüße ich im Vorübergehen.

Wider Willen verlasse ich das Seeufer. Ab dem Botanischen Garten ist es in privater Hand, nur die Grundstücksbesitzer haben Zugang zum See. Nachdem ich die Bahnlinie unterquert habe, geht es bergauf, an den Gittern der großen Anwesen entlang, die von den Genfer Patriziern an Botschaften oder Expats mit stattlichem Vermögen verkauft wurden.

Schon in Pregny wandelt sich die ferne Kulisse. Der Mont Blanc, von dem ich auf Höhe der letzten Brücke über dem Genfer Seebecken nur die Spitze sehen konnte, ragt jetzt im Zentrum des weiten Panoramas der Savoyer Alpen auf, deren Gipfel ich als Kind namentlich zu nennen lernte. Ich erreiche einen kleinen Fluss, der die Grenze des Kantons Genf bildet. Etwa 15 Kilometer folge ich ihm stromaufwärts, unzählige Mäander entlang, auf einem Pfad unter Bäumen, die teilweise von Bibern angenagt wurden. Nach dem Pont de la Bâtie geht es nur noch am linken Ufer der Versoix weiter. Auf der anderen Seite liegt Frankreich. Das Flussbett verengt sich immer mehr, obwohl noch viel fehlt bis zur Quelle im französischen Jura, oberhalb von Divonne.

Am frühen Abend erreiche ich Chavannes-de-Bogis, wo ich auf dem Land übernachten werde. Ich hole einen Text von Annemarie aus meinem Rucksack, um mich auf den nächsten Tag vorzubereiten, an dem ich in Prangins durch den Park jener Klinik laufen werde, in der sie die düstersten Tage ihres kurzen Lebens verbracht hat.

Meine Weggefährtin kam 1908 am Ufer des Zürichsees in einer reichen protestantischen und militaristischen Familie zur Welt. Ihr Großvater war während des Ersten Weltkrieges Oberbefehlshaber der Schweizer Armee, ihre Mutter eine große Bewunderin des Naziregimes. Schon früh flüchtete Annemarie vor diesen Vorfahren, die man unmöglich ohne ein paar Dosen Morphium verteidigen konnte. Asien, Amerika, Afrika, überall ist sie gewesen, hat von ihren Reisen Chroniken, Romane, Fotografien und ein paar zerbrechliche Freundschaften mitgebracht. Das Geld ihrer Familie hat sie benutzt, um sich von ihr zu entfernen, fuhr lieber ins Engadin, als bei ihren Eltern zu bleiben. Um einfacher reisen zu können, heiratete sie einen französischen Diplomaten, der homosexuell war wie sie und ihre Freiheit nicht einschränkte.

Während das Hitlerregime florierte, suchten Annemarie und ihre aus Deutschland ausgewanderten Freunde nach einem Sinn in ihrem Leben. Mehrere von ihnen haben es selbst beendet. Begegnungen mit André Malraux, Blaise Cendrars, Carson McCullers. Thomas Mann nennt sie in seinem Tagebuch charmant und morphiumsüchtig. Roger Martin du Gard widmet ihr ein Buch: *«Für Annemarie – mit Dank, dass sie ihr schönes Antlitz eines untröstlichen Engels auf dieser Erde spazieren führt.»* Dann folgen die letzten Ereignisse, jene, die in Prangins spielen und deren Spuren scheinbar getilgt wurden. 1942 ist Annemarie in Sils Maria im Engadin, wo auch Friedrich Nietzsche sich gern aufhielt. Dort hat sie angeblich einen Fahrradunfall, von dem sie ein Loch in der Schläfe davongetragen haben soll. Ihre Mutter beschließt, diese Verletzung müsse in einer Erholungsklinik untersucht werden, genauer gesagt, einer psychiatrischen Anstalt am anderen Ende der Schweiz. Dort wird die Patientin von Doktor Oscar Forel mit den zeitgemäßen Verfahren behandelt: Schlafkur, Insulintherapie, Elektroschocks. Annemarie wehrt sich, der Arzt steigert die Dosis. Innerhalb weniger Wochen wird aus dem Fahrradunfall – falls es wirklich einer war – eine schizophrene Episode. Jetzt kann die Mutter ihre Tochter, deren Widerstand endgültig gebrochen worden ist, nach Hause holen. Sie lässt sie ins Engadin bringen. Mit der Zustimmung weiterer Ärzte entscheidet sie sich für eine letzte Behandlung mit folgendem Wortlaut:

«Ausschaltung jedes körperlichen oder seelischen Schmerzes, (…). Abends nach Bedarf eine Ampulle Somnifen, tagsüber Eucodal, 0–3 Ampullen, je nach Bedarf. (…) Das Programm ist also zusammenfassend ‹Euthanasie›.»

Infolge der ärztlichen Anweisungen stirbt Annemarie ein paar Tage später, am 15. November 1942. Sie ist vierunddreißig Jahre alt. Die Mutter durchsucht ihre Sachen, verbrennt ihre Korrespondenz und sämtliche Spuren des Lebensschmerzes, der ihre Tochter quälte. Reinen Tisch für die Familientradition. Oscar Forel beantragt die Autopsie von Annemaries Schädelhöhle: abgelehnt. Freunde protestieren, ihre Schwester versucht zu intervenieren, nichts zu machen, die Sache wird ad acta gelegt, nie wird man erfahren: War es ein Sturz vom Rad, eine Kugel im Kopf, eine Überdosis? Beim Anblick der Leiche ihrer Tochter ist der Mutter nichts Besseres eingefallen, als sie zu fotografieren, um sich zu vergewissern, dass sie auch wirklich tot ist, und den Pfarrer, der die Trauerrede hält, davon zu überzeugen, dass ihre Tochter verrückt geworden ist wie Nietzsche.

Abends, im Hotel in Chavannes-de-Bogis, lese ich noch einmal «Das glückliche Tal»:

«Und ihr seid eures Schicksals Schmied und findet euren Meister und lasst euch taufen, Gottes Kinder, aus dem Paradies vertrieben, ohne Liebe aufgewachsen? Genährt mit Blutsuppe, gefeit gegen Gifte, im Unrecht watend bis zu den Hüften, und unbeirrt? (...) Nichts zu lachen: vielleicht habe ich Heimweh. (...) Erschlagt diese Nacht! Reißt mir diese Stunde vom Hals! Haltet diese Erde an, löscht diesen Himmel!»

*

Am nächsten Morgen verlasse ich die Ebene oberhalb des Genfersees, von der aus man das Alpenpanorama bewundern kann, das rechts mit dem Mont-Blanc-Massiv beginnt, sich ins Wallis und weiter bis zu den Waadtländer Alpen erstreckt. Ich wandere durch die Weinberge bis Nyon. Avenue Alfred Cortot, ungute Erinnerung. Der Name gehört einem Pianisten, der 1942 – Annemaries Todesjahr – mit dem Vichy-Regime kollaborierte. Rast auf der Schlossterrasse, bevor es weitergeht nach Prangins. Dort steht einerseits das Schweizerische Nationalmuseum, andererseits eine strenge, aber vornehme, von einem Park umgebene Einrichtung: die berühmt-berüchtigte Klinik. In Gesellschaft einiger verstört wirkender Kranker laufe ich über geharkte Alleenwege. Auf einer sonnenbeschienenen Bank, dem Panorama gegenüber, hole ich mein Buch heraus:

«Ich denke an das gesprengte Rund der Bergspitzen,
Die uns mit ihrem Leuchten und ihrer Bläue gnädig waren,
Und ich denke an die Lieblichkeit des Baches,
Der in der Mittagshitze, zur Erntezeit,
So viel über silberne Steine rieselnde Kühlung verbreitete (...)»

Als ich den Namen der Straße entdecke, in der die Klinik liegt, Chemin Oscar Forel, fällt mir ein, dass ich Forels Sohn gut kannte. Auch er hat sich 1942 gegen seine Familie aufgelehnt. Mitten im Krieg trat er der damals verbotenen Schweizerischen Kommunistischen Partei bei und wurde Armenarzt, wie man ihn in Nyon nannte. Später saß er im Schweizer Parlament, trug einen buschigen Stalin-Schnäuzer. Mir hat imponiert, wie er eines Tages Annemaries Cousin, inzwischen Abgeordneter, anprangerte. James Schwarzenbach hatte durch eine rassistische Initiative «Gegen die Überfremdung» von sich reden gemacht.

Zurück am Seeufer, raste ich an der Bar eines kleinen öffentlichen Strandes. Dann laufe ich über den zu grünen Rasen eines Golfplatzes und unter Bahnlinie und Autobahn hindurch, um danach erneut von Dorf zu Dorf bergauf zu wandern. Die Orte geben sich als Weindörfer aus, erweisen sich aber bis Begnins als gediegene Wohngebiete.

Wie ein schönes Gewitter

– Germaine de Staël (1766–1817) und Benjamin Constant (1767–1830)

Das Ganze spielt sich am 26. September 1794 zwischen Genf und Lausanne ab. Ein Reiter nähert sich dem Gespann von Germaine de Staël, die soeben ihre Residenz in Coppet verlassen hat. Der Reiter, ein siebenundzwanzigjähriger Mann, ist Benjamin Constant. Neben dem Gespann her galoppierend, beginnt er eine Unterhaltung mit Germaine, erinnert sie daran, dass sie sich vor einer Woche im Quartier Montchoisi in der Unterstadt von Lausanne begegnet sind. Er sagt, seit er sie gesehen habe, könne er nicht mehr schlafen.

Sie ist auf dem Weg nach Mézery, das vor den Toren von Lausanne liegt, mehrere Stunden reisen sie gemeinsam, und unterwegs scheut er nicht die Lächerlichkeit, ihr ewige Liebe zu schwören. Sie findet ihn unbeholfen, aber charmant, lässt ihn gewähren. Die Beziehung der beiden, die an diesem Tag beginnt, wird mit all ihren Höhen, Tiefen, lauen und leidenschaftlichen Phasen fünfzehn Jahre dauern.

Germaine ist ein Jahr älter als er. Mehr als nur einen Charakterzug teilt sie mit ihm. Beide sind Wunderkinder. Schon mit fünf Jahren hat Benjamin virtuos Cembalo gespielt. Mit achtzehn hatte er bereits die Universitäten von Oxford, Edinburgh und Erlangen besucht. Germaine hat als Dreizehnjährige Rousseau, Montesquieu, Dante und Shakespeare gelesen. Beide sind unglücklich verheiratet. Er mit einer deutschen Adeligen, mit der er sich im Scheidungsprozess befindet. Sie hat mit zwanzig eine von den Eltern ausgesuchte Partie geehelicht, einen siebzehn Jahre älteren Diplomaten, den sie kaum noch sieht. Beide haben mehrere schwierige Liebesaffären hinter sich. Er mit einer älteren Dame, sie mit einem ehemaligen Kriegsminister, danach mit einem schwedischen Offizier. Und schließlich sind beide Protestanten, ihre Ahnen waren Pfarrer oder Theologen. Beide sind nur frankofon, noch keine Franzosen. Sie werden das bekannteste Paar im damaligen Europa sein, in dem es gerade nach der Aufklärung wieder dunkler wird. Napoleon wird über Germaine sagen: *«Eine Frau mit großem Talent, sie wird bleiben.»* Später Stendhal: *«Die außergewöhnlichste Frau, die es jemals gab.»*

Ich sehe sie beide vor mir. Sie, wie sie die ganze Reise über an der Wagentür lehnt, er, wie er ihr ins Ohr brüllt. Eine eher komische Szene.

Heute Morgen breche ich in Begnins Richtung Aubonne auf, habe weder Pferd noch Gespann, aber von beiden ein Buch dabei, in dem jeder auf seine Weise diese ersten Momente schildert. Von ihm lese ich, was er einen Monat später einer Freundin schreibt:

«(...) seitdem ich sie besser kenne, fällt es mir sehr schwer, nicht fortwährend Lobeshymnen auf sie anzustimmen und nicht vor all meinen Gesprächspartnern mein Interesse und meine Bewunderung kundzutun. Selten habe ich ein derartiges Zusammentreffen erstaunlicher und anziehender Eigenschaften erlebt, so viel Glanz und Scharfsinn, ein so mitteilsames, aktives Wohlwollen, eine solche Großherzigkeit, eine so zarte und weltgewandte Höflichkeit, so viel Charme, Einfachheit, Hingabe im engen Zusammensein.»

Von ihr lese ich einen Brief, in dem sie zwei Monate später über den Zustand ihrer Beziehung spricht:

«Benjamin Constant verzehrt sich. Er bringt mir eine Leidenschaft entgegen, die mein Mitleid erregt. Ich versuche alles Erdenkliche, um ihn zum Reisen zu bewegen. Gestern sagte er mir etwas recht Spirituelles, Gefühlvolles. (...) Er ist sehr geistreich, aber ihn anzuschauen fällt schwer, vor allem seit ihn diese unglückliche Liebe vernichtet (...). Es ist eine wahnwitzige Leidenschaft, die mich in Schrecken versetzt: Er schlägt seinen Kopf gegen meinen Kamin, wenn ich ihn bitte, mein Zimmer zu verlassen.»

Germaine und Benjamin begleiten mich von Dorf zu Dorf durch die Weinberge. Der Weg verläuft weiterhin oben am Hang, der See liegt 200 Meter tiefer, 3 Kilometer entfernt, sodass jenseits des französischen Ufers das Mont-Blanc-Massiv einen steten Anhaltspunkt bietet – wie ein Gemälde von Ferdinand Hodler. Die Dörfer tragen die Namen der lokalen Weinlagen. Laut dem damaligen Reisebericht kamen Benjamin und Germaine durch Rolle, haben also die Straße am See entlang genommen, doch den Wanderer hindert nichts daran, auf einer Terrasse oberhalb des Weinberges Rast zu machen, um ein Gläschen Weißwein auf ihre Liebe zu trinken und dazu einen Malakoff zu essen. So heißt der Käsekrapfen, der an die siebenhunderttausend Toten des Krimkrieges bei der Erstürmung der Festung Malakoff nahe Sewastopol erinnern soll.

Entlang der Waldgrenze folge ich weiter dem Höhenweg bis Aubonne, wo es eine Germaine-de-Staël-Schule gibt. Ich weiß noch, wie ich mir vor langer Zeit einen Satz von Benjamin notiert habe, in dem er sie beschrieben hat.

Ich habe ihn als Kompliment an eine junge Frau benutzt: *«Du gefällst mir wie ein schönes Gewitter.»* Abends in meinem Hotelzimmer in Aubonne suche ich die Passage heraus.

*

Am nächsten Tag verlasse ich das Städtchen, sein Schloss, seine Esplanade, um bis zur Mündung des Flusses Aubonne hinunter zu wandern. Ich mache einen Bogen um ein Einkaufsgebiet, in dem die Städter ihre Möbel kaufen, und überquere die einstige «Route Suisse», auf der Germaine und Benjamin am 26. September 1794 vorbeigekommen sind. Sagen wir, am späten Vormittag. Es war wohl einer dieser Herbsttage, an denen der Nebel sich nur langsam verzieht, die Weinernte beendet ist, die Landstreicher die restlichen Trauben pflücken, während die Buchen sich rötlich zu färben beginnen. Benjamin gibt sich heiter, plaudert sowohl über die Jakobiner als auch über die Verfechter der Terrorherrschaft, vielleicht spricht er auch über Deutschland, über Wien, das sie eines Tages gemeinsam aufsuchen werden. Sie lässt sich nichts vormachen, ist aber auch nicht unempfänglich für sein eifriges Werben. Sie wird sagen, dass sie ihn hässlich fand. Dutzende Male werden sie gemeinsam oder getrennt diese Strecke zwischen Lausanne und Genf zurücklegen und ihre Reise zuweilen bis nach Lyon oder Paris fortsetzen. Dann werden beide heimlich wieder heiraten.

Mein Wanderweg führt mich durchs Unterholz, bevor er wieder ans Ufer stößt. Abermals laufe ich durch Weinberge und überquere einen kleinen Zufluss des Genfersees. Von dort führt die Uferstraße bis nach Morges.

Im Zug schlage ich Benjamin Constants Roman «Adolphe» auf, in dem im zweiten Kapitel das von ihrem Verehrer gezeichnete Porträt einer Frau erscheint, die Germaine ähnelt. Und wenn sie hier im Zug säße?

«Oft war sie recht träumerisch und schweigsam; manchmal redete sie mit Ungestüm darauflos. Auch inmitten einer belanglos allgemeinen Unterhaltung bewahrte sie niemals völlig die Ruhe, weil sie andauernd von einer privaten Besorgnis gequält wurde. Gerade deshalb aber gab es in ihrer Art und Weise etwas Aufbrausendes und Überraschendes, das sie aufregender erscheinen ließ, als ihr eigentlich zugekommen wäre. Die Wunderlichkeit ihrer Stellung ersetzte in ihr die Originalität der Gedanken. Man betrachtete sie aufmerksam, mit Interesse und Neugierde, wie ein schönes Gewitter.»

Das eine oder andere Mal auf der großen Weltbühne

– Charles-Ferdinand Ramuz (1878–1947)

Auf dem Weg nach Blonay geschieht zunächst alles in Wassernähe. Über 25 Kilometer ohne Unterbrechung der See zur Rechten, die Bebauung zur Linken. Das Ufer wird wieder das, was es auf den gesamten 200 Kilometern Seeumfang sein sollte: ein öffentlicher Spazierweg, auf dem man zu jeder Tages- und Nachtzeit das größte Süßwasserreservoir des Kontinents, an dem sich auch sein höchster Berg erhebt, würdigen kann.

Lange war der Genfersee nur eine Schifffahrtsstraße, die es erlaubte, schwierige Wegstrecken am steil am Wasser aufragenden Berg zu meiden. Und er war eine Vorratskammer. Nach und nach wurde seine nützliche Funktion durch seinen touristischen Reiz abgelöst. Die Flotte der Schifffahrtsgesellschaft Compagnie Générale de Navigation mit ihren langen weißen Schiffen mit flachem Boden und einem nach hinten geneigten ockerfarbenen Schornstein strahlt mit der Zeit einen immer altmodischeren Charme aus. Ramuz erwähnt sie Anfang des 20. Jahrhunderts: «*Diese großen weißen Maschinen mit ihren kreisenden Rädern und einem Schornstein, der qualmt, wie wenn man beim Polsterer Rosshaar auseinanderwickelt.*» Das uniformierte Schiffspersonal tritt so zuvorkommend auf wie in einer Operette. Auf ihrer Fahrt entlang der Küste überqueren die Seedampfer mehrmals die Grenze, ohne sich um die gepunktete Linie auf der Karte zu scheren.

Französisches Wasser bis zur Mitte und dann schweizerisches, nein, so etwas gibt es hier nicht. Der See ist international, hinsichtlich seiner Pflege müssen sich die Anlieger abstimmen. So haben sie vereinbart, in jedem Schaltjahr die Rhone-Schleusen stromabwärts zu öffnen, um den Wasserspiegel abzusenken. Bei der Gelegenheit führt jeder Wartungs- oder Bauarbeiten durch. Auf der Welt gibt es zirka fünfzig Seen mit einem solchen internationalen Status. Rund um den Genfersee geschieht alles einvernehmlich. Anderswo mag ein See zum Streitobjekt werden, wenn es um Gewässerregulierung oder Schmuggelkontrolle geht, oder gar zum Kriegsanlass, wenn es um die Aneignung von Wasserreserven geht. Zum Glück dauerten die kriegerischen Auseinandersetzungen auf dem Genfersee nicht lange. Der französische König hat nicht mehr vor, sich mittels Galeeren den Genfer Jet d'eau oder das Casino von Montreux anzueignen.

Ich verlasse Morges entlang der Quais, folge am Ufer jeder Einbuchtung. Hin und wieder verengt sich der Weg zu einem schmalen Pfad, auf dem man stehen bleiben muss, um einen Hund und seinen bissigen Besitzer vorbeizulassen. Viele Bänke mit Seeblick, im Schatten oder in der Sonne, von denen aus man die bettelnden Enten, die in einer Reihe hintereinander herschwimmenden Mitglieder einer Schwanenfamilie, die rhythmisch vorbeiziehenden Ruderinnen beobachten kann, überwacht von einem Rotmilan, der, soweit ich weiß, kilometerweit scharf sehen kann. Ich erkenne nur seine Silhouette, der Milan aber könnte an meinem Handgelenk die Uhrzeit lesen. In Saint-Sulpice umrunde ich die cluniazensische

Kirche, um sie von hinten zu betreten. In der Apsis stehe ich vor erstaunlichen romanischen Fresken.

Etwas weiter weg ein kleiner Fischerhafen, zum Trocknen ausgelegte Netze. Dann die Wiesen, die 1964 anlässlich der Landesausstellung dem See abgerungen wurden, die Landungsbrücken von Lausanne, wo jeden Morgen aus Évian Tausende Grenzgänger auf ihrem Weg zur Arbeit eintreffen. Ab hier verengt sich der See allmählich, ich schaue zu den Bergen, die ihn begrenzen, und bedaure, dass er mich nicht bis ans andere Ende der Schweiz begleiten kann. Aber es gibt noch etliche weitere Seen, weshalb kaum eine Schweizer Großstadt nicht ihren eigenen hat. Über die Hälfte der Landesbewohner können täglich an einem See spazieren gehen. Diese Nähe kann einen nicht gleichgültig lassen, selbst wenn die Seen weder Springfluten noch Riesenwellen zu bieten haben. Eine leichte Brandung genügt, schlimmstenfalls ein paar üble Böen. Unsere Marine ist vor allem eine Süßwassermarine. In puncto Wetter haben die Menschen hier wie Ramuz gelernt,

«(...) *aufmerksam zu sein und die Zeichen zu lesen, die auf dieser schnell umgewendeten Seite stehen, an diesem Himmel, der wie ein Buch ist mit so vielen Seiten, dass nie eine wiederkehrt. Das kleine Wörtchen einer Wolke, die erschienen ist und die verschwindet; die grau geschriebene Zeile des Nebels, der sich auf halber Berghöhe hinzieht; die Färbung eines Sonnenuntergangs; der Mond, wenn er eine Krone trägt wie eine Braut. Und Zeichen auch auf der Erde: die Schnecke, die hervorkommt; die Spinne, die ihr Netz knüpft; die Bremsen, die einen plagen; die Schwalbe, die tief fliegt* (...). *Die Wolkentreppe stürzt mit einemmal zusammen* (...).»

Auf einem Platz am Seeufer blicke ich hoch zu einem alten Mann auf seinem Bronzepferd, General Henri Guisan, Oberbefehlshaber der Schweizer Armee im Zweiten Weltkrieg. Dann wandere ich weiter, an der unteren Seite der Lausanner Parks entlang, in denen sich das Olympische Museum und das Musée de l'Élysée für Fotografie befinden. Auf einem vor den Seegrundstücken verlaufenden Steg, der auf Pfählen im Wasser steht, erreiche ich ohne Hindernisse Pully.

Hier beginnen terrassenförmige Weinberge mit Südwestausrichtung, die besten Lagen des Kantons. Seit Jahrhunderten steigen die Weingärten in Stufen den Hang hinauf, bis sie den Himmel berühren, sagte Ramuz. Hier hat er sein Leben verbracht. Unmittelbar unterhalb der Kirche erkenne ich sein letztes Haus.

Der Hang fällt so steil ab, dass der Uferstreifen nur Bahnlinie und Straße Platz bietet. Ich muss zwischen den Trockenmauern bergauf klettern. Auch nicht schlecht, etwas weiter oben zu wandern und von dort aus den See strahlen zu sehen. Dann mündet der Weg in den Platz am Hafen. Die Dorfnamen enden hier auf y. Cully, seine Cafés, seine ewige Festivalatmosphäre.

*

Am nächsten Morgen geht es zunächst am See entlang, dann durch die Weinberge bis auf die Höhe eines Schlossturms, der Weinproben anbietet. Der Weg verläuft oberhalb von Treytorrens, noch ein Haus von Ramuz. Ich habe Band zwölf seiner «Gesammelten Werke» mitgenommen, in dem er im Essay «Notre ‹naturisme›» schreibt:

«Ich denke oft an unsere besondere Lage, an uns, die wir am Nordufer des Genfersees wohnen (...). Selten gab es, glaube ich, ein Volk (nicht einmal ein kleines, ein ganz kleines), das seine ‹Natur› mit derartiger Verehrung bedachte. Dass diese Verehrung sehr oft konventioneller Art ist, gebe ich gerne zu; aber daran ist sicherlich weniger dieses Volk schuld als jene, die bis heute vorgegeben haben, ihr Ausdruck zu verleihen.»

Weiter unten im selben Essay warnt er, nachdem er die Tempelhüter der Westschweizer Literatur verspottet hat, vor dem Nationalismus:

«(...) es wäre gut, wenn dieses Volk sich von Zeit zu Zeit daran erinnerte, dass es auch noch andere Völker gibt; und das Drama der Einsamkeit, das die besten seiner Angehörigen in ihrem Innersten erleben, wird sich gewiss auch für das gesamte Volk das eine oder andere Mal auf der großen Weltbühne abspielen.»

Mein Kopf will stets zugleich mit meinen Füßen marschieren

–Jean-Jacques Rousseau (1712–1778)

Auf dieser Etappe plane ich, Jean-Jacques mitzunehmen, meinen lebenslangen Begleiter, einen düsteren Landsmann, der bei mir abwechselnd Zuneigung und Ärger auslöst. Was er über das einsame Wandern sagt, erschien mir immer äußerst zutreffend. Dutzende Male war ich auf der St. Petersinsel und bin Hunderte Male durch die Genfer Straßen gelaufen, die seinen Namen oder den eines seiner Werke tragen. Erst habe ich gezögert, wusste nicht, mit welchem seiner Bücher ich meinen kleinen Rucksack beladen soll. Die «Träumereien eines einsam Schweifenden drängten sich auf, aber auch die «Bekenntnisse» oder lose Blätter, auf denen ich Sätze von ihm notiert habe. Zum Beispiel *«eine anziehende Traurigkeit, die ich nicht gern nicht gehabt hätte»*. In dieser mitunter selbstgefälligen, stets ergreifenden Melancholie steckt der ganze Rousseau.

Zum Ausgangspunkt meiner Wanderung gelange ich mit dem Train des Pléiades, der von Vevey nach Blonay, einer Ortschaft mit sechstausend Einwohnern an einem Steilhang oberhalb der Gemeinde Vevey und des Genfersees, fünfzehn Minuten braucht. Das Schloss von Blonay hat Courbet gemalt, der sich nach der Pariser Kommune hier in der Gegend versteckt hat, als die Schweiz mit Flüchtlingen großzügig umging.

Ab Blonay steiler, fast treppenartiger Aufstieg, um von 600 auf 1200 Meter zu gelangen. Von Zeit zu Zeit kurze

Pause zum Verschnaufen, und um die weißen Narben zu bewundern, die die Schiffe auf dem Wasserspiegel hinterlassen. Im Mai wachsen hier viele Narzissen, wovon zahlreiche Schilder zeugen, die das Pflücken verbieten. Weiter oben beginnt der Wald, das Gelände flacht sich ab, Schluss mit dem zwanghaften Blick auf den Genfersee. Keine Weinberge mehr, dafür Tannen und der Beginn der Voralpen. Auf den Weiden hinterlassen die Kühe rings um die Tränken tiefe Spuren. In der Ferne ein großes schindelgedecktes Dach. Ein Gasthof mit einer an einem Mast wehenden Schweizer Fahne kündet eher von Verpflegung als von Patriotismus. Von nun an kann ich mich in der träumerischen Einsamkeit des Spaziergängers für Jean-Jacques halten, selbst wenn ungewiss ist, ob er diesen Weg genommen hat. Ich weiß, dass er zu Fuß von Genf nach Nyon wanderte, um seinen Vater zu besuchen, dass er bis Vevey weiterlief, um «Julie oder Die Neue Heloise» in Clarens anzusiedeln. Er war zu Fuß in der Gegend von Freiburg, Bern, Neuenburg unterwegs. Er spricht über die Alpen, über den Jura. Im Zweiten Buch der «Bekenntnisse» schreibt er: *«Und schließlich schmeichelte der Gedanke an eine große Reise meinen Wandertrieb, der sich damals schon zu offenbaren begann.»* Diese Manie des Herumschweifens ist bei mir stärker ausgeprägt, hingegen fehlt mir Rousseaus Weisheit. Wenn der Weg nicht zu anstrengend ist, lässt der Geist sich mühelos ins Träumen und Philosophieren versetzen. In «Emile oder Über die Erziehung» unterscheidet Rousseau zwischen sportlicher Übung und dem Gehen, das alle Sinne weckt:

«Es gibt rein natürliche und mechanische Übungen, die den Körper stärken, die Vernunft aber keineswegs fördern: schwimmen, laufen, springen, Kreisel treiben, Steine werfen. All das ist sehr gut – aber haben wir nur Arme und Beine? Haben wir nicht auch Augen und Ohren? (...) Übt also nicht nur die Kräfte, übt auch die Sinne, die sie lenken. Nutzt jeden Sinn vollständig aus und überprüft die Wirkung des einen durch den anderen.»

Von oben wandere ich hinunter in eine Schlucht, in der ein Steg mich über die Veveyse führt. Beim Gegenaufstieg tausche ich den Kanton Waadt gegen den Kanton Freiburg ein, ohne zu vergessen, einen Umweg über den Bergsee Lac des Joncs zu machen, ein so streng geschütztes Relikt aus der Eiszeit, dass man nicht mal mit den Zehen eintauchen darf. Weiter unten ein Wintersportort mit Hunderten im Weideland verstreuten Chalets, die meisten mit geschlossenen Fensterläden. Ich wähle ein Lokal wegen seiner Terrasse. Afrikanische Bedienung, lokales Bier, tiefgefrorene Pommes Frites und als Pausenlektüre Rousseau: *«(...) denn ich kann, wie ich schon erwähnt zu haben glaube, nur im Gehen nachsinnen, sobald ich stehenbleibe, denke ich nicht mehr, mein Kopf will stets zugleich mit meinen Füßen marschieren.»* Genau das habe ich empfunden, nachdem ich unter dem Tisch meine Schuhe aufgeschnürt hatte: die Leere, die auf einen langen Marsch folgt, erstarrte Gedanken und folglich weniger Abschweifungen, weniger Begeisterung, weniger Träumereien, stattdessen das Joch geordneten Reflektierens. Schnell, nehmen wir die Wanderung und unseren Gedankengang wieder auf!

Erneut ein langer Aufstieg, 400 Meter Höhenunterschied, im Schatten eines riesigen Bergmassivs, das sich bis zum Moléson erstreckt. Bei einem Bier auf einer weiteren fahnengeschmückten Terrasse verändert sich die Landschaft abermals, der Horizont hellt sich über dem gesamten Schweizer Mittelland auf und lässt seine Ausdehnung zwischen Jura- und Alpenkette gut erkennen. Hier wird einem die Aufteilung, die Begrenztheit des Flachlandes bewusst, in dem unsere Städte liegen, ob deutsch- oder französischsprachig.

Nahe der Seilbahnstation am Moléson finde ich ein Zimmer in einem für meinen Geschmack zu stark besuchten Hotelkomplex. Am Abend, als die Touristen endlich wieder ins Tal gefahren sind, stimmt ein Senner ein Lied an, als hätte Rousseau ihn darum gebeten. Ich lese weiter in den «Bekenntnissen»:

«Ich liebe ein gemächliches Marschieren und mache gern Halt, sooft es mir gefällt. Ein wanderndes Leben passt am besten für mich. Bei schönem Wetter und in schöner Landschaft ohne allen Grund zur Eile zu Fuß zu gehen und am Ende meines Weges eines angenehmen Zieles gewiss zu sein, das ist von allen Lebensarten die, welche mit meinem Geschmack am meisten übereinstimmt.»

*

Am nächsten Tag 800 negative Höhenmeter auf dem Weg nach Gruyères, das für die Franzosen im Emmental liegt und für die russischen Touristen zwischen Luzern und der Waadtländer Riviera. Diese große Modelllandschaft, die einer Bollywood-Filmkulisse gleicht, ist eigentlich nichts für mich. Als die mittelalterlichen Wunderwerke hinter mir liegen, bin ich auch die von einem Führer mit erhobenem Regenschirm gelenkten Menschenmassen aus den Bussen los. Das einsame Abenteuer geht weiter, bis zu einer kleinen Kapelle, die um diese Uhrzeit jedoch geschlossen ist. Nicht weit von hier haben wir auf einem Schulausflug Cailler-Schokolade probiert. Die Fabrik scheint umgezogen zu sein.

Dann folgen Schluchten, die so eng sind, dass man unterwegs mehrere unbeleuchtete Tunnel passieren muss, die einem Angst einjagen und an einer schwindelerregenden Holzbrücke enden. Sie bringt einen zu den ruhigeren Gestaden eines Stausees. Jetzt ist der beste Moment, um sich von Rousseaus Text begleiten zu lassen:

«Was ich unter einer schönen Landschaft verstehe, weiß man bereits. Niemals hat flaches Land, wie schön es auch immer sein möchte, in meinen Augen dafür gelten können. Mein Sinn verlangt nach Sturzbächen, nach Felsen, Tannen, schwarzen Wäldern, Bergen, nach aufwärts und abwärts steilen Pfaden, und rechts und links müssen Abgründe liegen, die mir Furcht einjagen.»

Bevor ich diese Etappe an der Bushaltestelle von Charmey beende, einer großen Ortschaft mit über einen ganzen Berghang verteilten Häusern, durchquere ich das Dorf Crésuz, von dem Jean-Jacques begeistert gewesen wäre. Es ist nicht etwa der Wohnsitz von Courbet, sondern der eines Steuerflüchtlings, des Firmenchefs von Nestlé. Lange hat er nach einem Ort gesucht, an dem sein millionenschweres Monatsgehalt am wenigsten belastet werden würde. Das Dorf zählt nur zweihundertfünfundneunzig Einwohner, die nicht schwer zu überreden waren, ihn bei sich aufzunehmen und ihm auf diese Weise zu einer sehr vorteilhaften steuerlichen Regelung zu verhelfen. So verbringt nun der Krösus glückliche Tage in Crésuz. Vor einigen Jahren habe ich ihm ein passendes Zitat von Jean-Jacques geschickt, einen Auszug aus der «Abhandlung über den Ursprung und die Grundlagen der Ungleichheit unter den Menschen». Er hat mir nie geantwortet.

Der süße Muskat und die bittere Nelke

– *Vreneli*

Oft wurde gesagt, dass den Schweizer Soldaten in fremden Diensten von ihren Besitzern (wie sich ihre Kommandeure nannten) verboten worden sei, Kuhreigen zu singen. Dokumentiert ist dies nicht, anders als das, was man über das Guggisberglied weiß. Den Söldnern war es bei Todesstrafe untersagt, es auch nur zu summen. Ich werde es nun im 21. Jahrhundert eine ganze Etappe lang vor mich hin trällern, und das wird mir niemand verübeln.

Von Charmey bis Jaun bleibe ich im Greyerzerland, wechsle aber von einer zur anderen Sprache: Von nun an tragen Flüsse, Dörfer, Berge über mehrere Kilometer zwei Namen. Die Jogne, der Fluss im engen Tal, durch das der Weg führt, wird auch Jaunbach genannt. Das Dorf La Villette ist auf Deutsch Im Fang. Die deutschsprachigen Berner sind damals, nachdem sie die Pässe überschritten hatten, bis nach Jaun vorgedrungen, um sich die Weiden an den auf der Freiburger Seite gelegenen Hängen einzuverleiben. Die Kolonisierung hat sich nicht talaufwärts vollzogen, sie ist von den Pässen herabgestürmt, wie Ramuz in «Die Trennung der Rassen» erzählt. Gemeint waren die deutschsprachige und die französischsprachige «Rasse».

Bevor es Jaun erreicht, ist das Jaunbachtal so schmal, dass neben dem Fluss und der sogenannten Poststraße gerade genug Platz bleibt für einen düsteren Pfad zwischen Schattenhalbwald und Sonnenhalbwald. Auf dem

Friedhof von Jaun, neben der Kirche mit ihrem achtseitigen Glockenturm, tragen alle Gräber das gleiche von einem kleinen Satteldach geschützte Holzkreuz. Unter jedem Querbalken ist auf einem holzgeschnitzten Basrelief der Beruf des Verstorbenen dargestellt.

Lange wandere ich zwischen diesen Gräbern umher, die an die aneinandergereihten Kriegsgräber auf Soldatenfriedhöfen erinnern, alle gleich, in gleichem Abstand voneinander, je ein weißes Kreuz, auf dem Einsatzgebiet, Dienstgrad und Name stehen. In Jaun hat man das Gefühl, lauter aneinandergereihte Puppenhäuser vor sich zu haben. Sogar die Blumen in ihren rechteckigen Granitkübeln haben alle die gleiche Farbe. Sämtliche Tote scheinen hier bei der Arbeit gestorben zu sein: eine Bäckerin hinter ihrer Registrierkasse und ihren Broten, ein Chauffeur hinter seinem Lenkrad, eine Krankenschwester am Bett ihres Patienten. Die Holzschnitzereien sind das Werk eines ehemaligen Ziegenhirten. Das Holzkreuz auf seinem Grab wurde 1995 von seinem Nachfolger im selben naiven Stil geschnitzt. Es zeigt den Bildhauer bei der Arbeit.

Anschließend führt mein Weg aufwärts zwischen vereinzelten Tannen und Felsbrocken, die sich irgendwann vom Berg gelöst haben und am Rand einer Alp liegen geblieben sind. Über den Pass in 1567 Meter Höhe erreiche ich eine Stunde später den Schwarzsee. Was mich an diesem See verblüfft, ist sein Wasser, das tatsächlich schwarz ist. Wegen der sich spiegelnden Schatten und einer schwer verständlichen optischen Täuschung kann ich darin trotz des klaren Himmels nicht das kleinste bisschen Blau erkennen. Auch ein mit meinem Handy aufgenommenes

Foto ändert nichts daran: Schwarz bleibt Schwarz. Das Hotelangebot am Seeufer ist genauso üppig wie die Parkplätze und die ruhenden Skilifte.

*

Am nächsten Tag laufe ich, immer noch das Guggisberglied auf den Lippen, durch einen wild gewachsenen Auwald bergab, dann durch das Tal der Sense (auf Französisch Singine, auf Freiburger Patois Chindzena), die hier Warme Sense heißt, bis zu der Stelle, wo sie mit der Kalten Sense zusammenfließt. In Zollhaus führt die Brücke auf Berner und protestantisches Gebiet. Vorerst ist Schluss mit den Kruzifixen am Wegesrand, später, im Kanton Luzern, werde ich wieder einigen begegnen. Steiler Aufstieg, dann 300 Meter Abstieg und wieder ebenso viele Meter Aufstieg. Endlich beginnen die großen Bauernhäuser mit den Walmdächern, die am Giebel offen und meist drei Stockwerke hoch sind, das letzte mit einem vom Schirm eines mützenförmigen Dachs geschützten Balkon. Die kleinen Fenster verschwinden hinter dem Rot der Geranien. Hier wird der Mist geflochten, werden täglich die Milchkannen geschrubbt, die Kuhglocken der Größe nach aufgehängt. Doch standen in diesen großen Familienbetrieben nicht immer zwei Mercedes in der Garage. Dort verbarg man auch großen Kummer.

Die Geschichte vom Vreneli ist wohl unser einziges Nationalepos, mag man es auch mittlerweile in der französischen Schweiz vergessen haben. Wie in den antiken Sagen oder den Märchen weiß man schon bevor es anfängt, wie es enden wird. Verglichen mit der Geschichte vom «Vreneli ab em Guggisberg» klingt die von Wilhelm Tell nach folkloristischem Unsinn. Wenn ich das Guggisberglied höre, zum Beispiel von Stefan Eicher gesungen, kommen mir unwillkürlich die Tränen, es ist stärker als ich. Ein einzelner Held steht für das Schicksal jener zwei Millionen Schweizer, die im Lauf der Jahrhunderte von ihren eigenen Landsleuten an fremde Fürsten verkauft wurden. Ein Viertel von ihnen ist nie zurückgekehrt.

Zur Geschichte: Im Dorf Guggisberg lebt die Müllerstochter Vreneli, die sich in Hans-Jakob verliebt hat, der auf der anderen Bergseite wohnt, in Simeliberg. Ihr Vater aber hat sie einem reicheren Mann versprochen. Hans-Jakobs Vater rät seinem Sohn, den reichen Freier zu einem Duell herauszufordern. Am Ende des Kampfes glaubt Hans-Jakob, seinen Rivalen getötet zu haben. Um der Todesstrafe zu entgehen, tritt er den Dienst in der Fremde an. Zwei Jahre später kehrt er heimlich ins Dorf zurück. Sein Vater teilt ihm mit, er habe den Rivalen damals gar nicht getötet und Vreneli sei vor Kummer gestorben. Das Guggisberglied ist Vrenelis Klagelied. Die Melodie stammt aus fernen Zeiten, der Text in altem Deutsch bleibt rätselhaft. In der ersten Strophe heißt es: *«'s isch äben e Mönsch uf Ärde, dass i möcht bi-n-ihm si»*. Es folgen ein Dutzend Strophen, in denen die Liebe, das Warten, die Verzweiflung beschrieben werden. Am Schluss bleibt nur das Mühlrad, *«das mahlet nüt als Liebi, die Nacht und auch den Tag»*.

In Guggisberg gibt es ein vermutlich folkloristisch angehauchtes Vreneli-Museum, das aber geschlossen ist, als ich es besuchen will. Wie so oft, wenn die mündliche Überlieferung von Volksgut einen Text verändert hat, vermögen die Gelehrten ihn nicht in allen Einzelheiten zu erklären. So etwa den Liebestrank aus süßem Muskat und bitterer Nelke, den Vreneli ihrem Liebsten verabreicht. Auf dem Fensterbrett eines Bauernhauses mit riesigem Dach fällt mir eine kleine Glasflasche mit rosafarbener Flüssigkeit ins Auge. Ich stelle mir vor, dass hier in der Gegend sicher viele Mädchen Vreneli heißen und auf der Suche sind nach dem wundersamen Trank.

Ein Weltmonument wie der Eiffelturm

– Robert Maillart (1872–1940)

Robert Maillart, der 1940 verarmt in Genf starb, habe ich immer bewundert. Ich hätte gern in seinem Büro gearbeitet, Modelle gebaut, die Gesetze der Statik umgesetzt oder hinterfragt. Von allen Ingenieuren ist er am meisten Architekt. Der Mann mit dem Spitzbart, dem gezwirbelten Schnauzbart und der Fliege hat zunächst in Genf Uhrmacherei gelernt, dann an der ETH in Zürich Bauingenieurwesen studiert. Er traute eher der grafischen Analyse des Kraftverlaufs als dem rechnerischen Nachweis. Er hat Brücken gebaut, deren Kräfte man damals nicht berechnen konnte. Später hätten die Computer ihm recht gegeben.

Ich verlasse Guggisberg und steige einen schmalen Hügel hinauf, vermutlich den Überrest einer von einem Gletscher zurückgelassenen Moräne. Er sieht aus wie die aus dem Weideland ragende Flosse eines riesigen Haifischs. Besteigen lässt er sich nur über eine lange Holztreppe, die an einer Metallplattform endet. Dort oben hat man auf der einen Seite die Alpenkette vor sich, während auf der anderen Seite der Blick das gesamte Schweizer Mittelland bis zur weichen Horizontlinie des Jura erfasst.

7 Kilometer weiter laufe ich durch das Dorf Schwarzenburg, in dem einst die Kurzwellen-Sendeanlage des Schweizer Radios stand, die von 1939 bis 1998 in Betrieb

war. Während des Zweiten Weltkrieges hatten die Deutschen durchgesetzt, dass aus der Schweiz keine Wetterberichte gesendet wurden, um die Alliierten im Ungewissen zu lassen. Später stellte sich heraus, dass die starken elektromagnetischen Felder zu gesundheitlichen Schäden bei der Schwarzenburger Bevölkerung geführt hatten. Also wurden die Sender an Nordkorea verkauft und die Antennenmasten gesprengt.

Anschließend führt die Route abwärts in ein kleines dunkles Tal, in dem ich endlich die Brücke entdecke, auf die ich gewartet habe. Maillart liebte den Stahlbeton, der neue Formen ermöglichte: gewölbte Behälter, Pilzstützen, Bogenbrücken, dünne kastenförmige Fahrbahnkonstruktionen. Während der Russischen Revolution war er aus geschäftlichen Gründen vor Ort, verlor dort sein Vermögen, aber nicht seine Vorliebe für revolutionäre Strukturen. Ich bin über seine Brücken gelaufen, erkenne sie schon von Weitem, sowohl die über der Arve bei Genf als auch die in Graubünden, in der Nähe von Schiers. Als Letztere 1930 gebaut wurde, war sie die mit dem größten Dreigelenk-Hohlkastenträger. Man musste warten bis 1991, damit die American Society of Civil Engineers sie zu einem «Weltmonument» von gleichem Rang wie der Eiffelturm erklärte.

Die Schwandbachbrücke, die ich vor mir habe, ist von atemberaubender Schönheit. 1933 von Maillart entworfen, hat der stützende Betonbogen eine Stärke von nur 16 Zentimetern, die tragende Fahrbahnplatte ist nur 20 Zentimeter dick. Eine weitere große Leistung: Über eine Länge von mehr als 60 Metern folgt sie der Straßenbiegung. 1947 hat man Maillart im New Yorker MoMA eine Ausstellung gewidmet. Auf einer Tafel steht zu lesen, dass die Brücke 2005 von der Gemeinde saniert wurde. Das Erstaunlichste jedoch ist das Foto neben dem Text: Robert Maillart, die Augen halb geschlossen, auf dem Kopf eine Art Fez, im Mund eine dicke Zigarre, von der gleich die Asche herabfallen wird, Qualm umhüllt das schmale, an einen Yogi erinnernde Gesicht – alles andere als das traditionelle Bild des Schweizer Bauingenieurs. Ich verneige mich tief vor ihm.

Als ich in Rüeggisberg meine Unterkunft beziehen will, ist der Besitzer des Hotels Bären nicht da, weshalb ich mich an den im Hotel Sternen genau gegenüber wende, der mir meinen Zimmerschlüssel überreicht. Ein reizendes, ja typisches, sogar folkloristisches Dorf, tiefste Schweiz, könnte man sagen. Hier kreuzen sich Alpenpanoramaweg und Jakobsweg. Vorsicht vor schwer bepackten Pilgern mit Wanderstock und Jakobsmuschel! Sie wandern zumeist in Gruppen, sind über fünfzig, wirken unglücklich und erschöpft, damit man auch merkt, dass sie nicht zum Vergnügen unterwegs sind. Grund für diese ungelegene Begegnung ist die Tatsache, dass sich hier der älteste Sitz der Deutschschweizer Cluniazenser befindet. Das Unterfangen jener Mönche begann im 11. Jahrhundert und dauerte rund vierhundert Jahre. Heute existiert nur noch ein Zehntel der ursprünglichen Bauten, die während des Zweiten Weltkrieges restauriert wurden. Nein, das Kloster wurde nicht bombardiert, riesige Steinblöcke stützen die halbbogenförmigen Gewölbe, die heute unter freiem Himmel stehen. Einige Pilger unternehmen einen Rundgang durch die Ruinen, in die Richtung, die ihre Anweisungen ihnen vorgeben.

Wenn dort steht: *«Beachten Sie die Inschrift»,* beachten sie sie und machen davor ein Selfie.

*

Ich laufe weiter in östliche Richtung, durch eine mit stattlichen Bauernhäusern übersäte Landschaft. Untereinander sind sie durch ein Netz aus schmalen, teils betonierten, vom kleinsten Kuhfladen gereinigten Wegen verbunden. Viele Dächer reichen so tief hinunter, dass sie die Fenster verdunkeln. In diesen Fällen wurden die roten Dachziegel durch lichtdurchlässige Glasziegel ersetzt. Wenn es den kinderreichen Familien im Haus zu eng wurde, baute man am Ende des Gemüsegartens ein Miniaturbauernhaus, das sogenannte Stöckli oder Altenteil, in das man die Großeltern bat, sich auf ihre alten Tage zurückzuziehen. Noch heute wird der Ständerat, die kleine Kammer der Schweizer Abgeordneten, der üblicherweise Senat heißt, in der Umgangssprache Stöckli genannt, als wäre sie ein Parlament in Miniatur. Die Geranien an den Stöcklis sind von kräftigerem Rot als anderswo. Man weiß ja, dass Großmütter sich liebend gern um Blumen kümmern.

Die fernen Berggipfel im Süden scheinen bisweilen zusammenzurücken, was mit der Luftfeuchtigkeit zu tun hat. Steht Regen bevor, sind die drei Unzertrennlichen, Eiger, Mönch und Jungfrau, nur eine Armlänge entfernt. Selbst wenn man einen ganzen Vormittag wandert, stehen sie immer am selben Platz, wie der Mond auf einer nächtlichen Zugfahrt, den man gern einholen würde, der sich aber am Horizont nicht von der Stelle rührt. Die Geländeform ist das Ergebnis einer umfassenden Abschleifung durch den Aaregletscher, der sich von diesen Bergen bis nach Bern hinabgezogen hat. Die Hügel haben derart verschwommene Konturen, dass man nicht zu sagen wüsste, wo ihre erodierten Gipfel liegen.

Bergkuppen und sanfte Hügellandschaft von einem Bauernhaus zum nächsten, bis ich oberhalb eines doppelten Tales stehe, das ich werde durchwandern müssen. Ich laufe bergab, bergauf, wieder bergab. Im ersten Tal fließt ein vollständig kanalisierter Fluss an Gemüseanbaubetrieben entlang. Nach dem Hügel immerhin 400 Meter Höhenunterschied und ein 21. Jahrhundert, das ich vergessen hatte: Autobahnen und Bahnlinien entlang der für meinen Geschmack zu geradlinigen Aare. Ihr Wasser wird in den Rhein und die Nordsee fließen. Überall erlauben Fußgängerbrücken, Hindernisse zu überwinden, und führen den Wanderer problemlos bis zum Bahnhof von Münsingen.

Die Position der Rebellion

– Friedrich Dürrenmatt (1921–1990)

Seit die Aare begradigt wurde, liegen die Bauernhäuser nicht mehr weit verstreut in der Ebene. In Münsingen, einem großen Industriestandort, sind sie wieder enger zusammengerückt. Die psychiatrische Klinik, in welcher der Schriftsteller Friedrich Glauser untergebracht war, konnte ich nicht finden. Seine verzweifelte Miene ist mir oft begegnet, ohne dass ich jemals einen seiner Kriminalromane gelesen hätte. Ich sehe sein Gesicht vor mir, kurz vor seinem Tod mit zweiundvierzig Jahren. Mir gefällt der Gedanke, dass mich in den Buchhandlungen noch spannende Bücher erwarten. Ich verspreche, wenigstens einen der Fälle von Wachtmeister Studer gelesen zu haben, wenn ich das nächste Mal nach Münsingen komme …

Nach einer imposanten Bodenwelle, die ich ruhmlos überwinde, wandere ich lange Zeit bergauf, durch eine reiche und liebliche ländliche Gegend, in der ein Bauernhaus größer und üppiger dekoriert ist als das andere. Alle thronen inmitten großer Gemüsegärten, Obstplantagen und Getreidefelder. Durch eine solche Landschaft zu wandern, ist immer angenehm, egal zu welcher Jahreszeit. Im Frühjahr die blühenden Apfelbäume. Im Sommer der Duft von gemähtem Heu. Im Herbst die Feldarbeiten, bei denen die Traktoren die Wühlmäuse kleinhacken, nach denen die kreisenden Bussarde Ausschau halten. Und im Winter die Schneedecke, so leicht wie Großmutters Federbett.

Überall dort, wo sich die Aussicht genießen lässt, schützen zwei riesige Linden die Bank des Spaziergängers. Unterhalb des Dorfes Konolfingen setze ich meinen Rucksack ab, um Friedrich Dürrenmatts Gespräche mit Heinz Ludwig Arnold hervorzuholen. Ich wandere mit den Augen an den beiden Bahnlinien entlang, die sich am Bahnhof treffen, entdecke die Kirche neben dem Pfarrhaus, in dem Dürrenmatt geboren wurde. Mir gefällt, wenn er sagt: «*Ich kann mir keine Gesellschaft denken, in der der Schriftsteller nicht die Position der Rebellion bezieht.*»

Der Weg zieht sich am Waldrand entlang, führt ab und zu auch durch den Wald, dann geht es sanft bergab bis zu einem Dorf, in dem allzu wuchtige Bauernhäuser nur mit Mühe Platz finden. Ich nutze die Gelegenheit für eine Kaffeepause auf einer Terrasse, auf der dicke Frauen einander von ihren Ferien an asiatischen Stränden erzählen, während sie ihre Hunde mit Schinkengipfel füttern. Dann setzt sich der allmähliche Anstieg fort, ich überwinde 400 Höhenmeter, ohne es besonders zu merken. Kurz vor Moosegg, wo ich übernachten will, muss ich einen Umweg von mindestens 2 Kilometern machen, weil ein Bauer seine Kühe – viele Kühe – auf einen speziell markierten Teil des Wanderwegs getrieben hat. Kaum stehe ich am Zaun, kommt eine Herde gehörnter Boviden auf mich zu gerannt. Um mir einen Weg zu bahnen, bräuchte ich einen dicken Stock. Lieber weiche ich aus.

In Moosegg ist das einzige Hotel am Ort von Spaziergängern aller Altersgruppen belagert, die, nachdem sie ihr Auto auf der Kuppe abgestellt haben, diese zu Fuß umrunden, bevor sie sich im Hotel verpflegen und die alpine Aussicht bewundern, außer am Abend, als ein paar rosa Wolken diese versperren. Endlich gehen die Wanderer wieder zu ihren Fahrzeugen und lassen mich allein oder fast allein über Dürrenmatts letzte Tage nachdenken. Da wird er seine Theorie von der ewigen Rebellion in die Praxis umsetzen.

Die Sache spielt sich in der Nähe von Zürich ab, am Donnerstag, dem 22. November 1990. Der tschechoslowakische Präsident Václav Havel, Schriftsteller und notorischer Dissident, soll einen mit hunderttausend Schweizer Franken dotierten Preis für sein Engagement für die Freiheit erhalten. Nach den feierlichen Ansprachen zweier Bundesräte wird Dürrenmatt eine Rede zu Ehren seines Freundes halten. Seine Vorredner haben die Verdienste der Schweiz gepriesen, haben Havel im Club der freien Menschen willkommen geheißen. Dürrenmatt steht auf und tritt ans Mikrofon:

«Lieber Václav Havel,
(...) Ein schöner Preis, ein schweizerischer Preis, aber irgendwie unumkehrbar. Ich kann mir nicht vorstellen, dass Sie einem schweizerischen Dienstverweigerer einen Václav-Havel-Preis verleihen würden für Zivilcourage, Ehrlichkeit und – nun stutz' ich schon – inwiefern waren Sie dem Regime gegenüber, gegen das Sie protestierten, tolerant? Wohl nur, indem Sie die Möglichkeit, sich ins Ausland abzusetzen, ablehnten und die Strafe auf sich nahmen und ins Gefängnis gingen. Dadurch erreichten Sie den Sturz eines Regimes, während unsere Dienstverweigerer ... – wir Schweizer sind nun einmal ein kriegerisches Volk, das seit fast zweihundert Jahren nie angegriffen wurde, aber sich verteidigen würde, würde es angegriffen, und zum Beweis, dass es sich verteidigen würde, wirft es diejenigen ins Gefängnis, welche die Zivil-

courage und die Ehrlichkeit haben zu erklären, sich unter keinen Umständen verteidigen zu wollen, würden sie angegriffen.»

Die gesamte politische, finanzielle und militärische Schweiz ist anwesend. Die einen verspannen sich, die anderen gehen. Nach dem Ende von Dürrenmatts Rede herrscht eine eisige Atmosphäre, die Bundesräte verlassen den Saal, ohne mit ihm zu sprechen, ohne ihm die Hand zu schütteln. Dürrenmatt hatte schon anderswo von der Tapferkeit gesprochen, *«in einem Land zu leben, in welchem es langsam genierlich wird, einem Bundesrat die Hand zu reichen»*. Aber der Hieb hat gesessen: Drei Wochen später stirbt er. Ich sehe die beiden noch vor mir: Havel und Dürrenmatt mit seinem etwas zu langen Haar, das ihm bis in den Nacken reicht, der sich mit seiner Krawatte unwohl fühlt, ich sehe ihren Händedruck. Ich fand sie beide heldenhaft, ergreifend.

*

Von Moosegg aus geht es abwärts zur Emme, die dem Tal, der Region und dem Käse den Namen gegeben hat. Hier hat ein Schriftsteller gelebt, der ebenfalls in der Deutschschweiz bekannter ist als jenseits der Saane: Jeremias Gotthelf. Er war kein Pfarrerssohn, sondern selbst Pfarrer. In meiner Kindheit gab mein Vater mir die Prosa seines Kollegen zu lesen: «Die schwarze Spinne». Noch heute träume ich davon – in albtraumhaften Bildern –, als verberge diese reiche, glückliche Gegend in Erwartung himmlischer Erlösung im tiefsten Innern eine verzweifelte Melancholie. Die Schönheit einer Landschaft lässt nicht im Entferntesten die Düsterkeit der darin schlummernden Gefühle erahnen. Auch die Emme ist kanalisiert, weil hier alles, was aus der Ursprünglichkeit der Alpen herabfließt, gebändigt werden muss. Seit einer Weile liegt diese Vorstellung nicht mehr im Trend, jetzt versucht man mittels eines groß angelegten Verwilderungsprogramms den Wasserläufen das ursprüngliche Bett, das man ihnen einst genommen hat, zurückzugeben. Diese ökologischen Reparaturen haben geradezu moralischen Charakter: Auf didaktischen Informationstafeln entschuldigen sich die Ingenieure lang und breit dafür.

Jenseits der Emme führt ein milder Anstieg über zirka 12 Kilometer über Stock und Stein bergauf bis zu einer Alp auf 1164 Meter Höhe. Unterwegs komme ich an keinem einzigen Dorf, keiner einzigen Kneipe vorbei, nur an riesigen Bauernhäusern, die durch schmale, gut instand gehaltene, aber leere Straßen miteinander verbunden sind. Zum Glück habe ich beim Frühstück ein paar Scheiben Brot und Emmentaler in meinem Rucksack verschwinden lassen.

Auf der Alp steht ein mehr als komfortables Hotel, vor dem ein Postbus bis zu viermal täglich die Wanderer abholt. Bevor ich wieder hinunter in die Ebene steige, bestelle ich mir ein aus allen möglichen Wurstsorten bestehendes Berner Gericht, das in Mini- oder Maxiversion serviert wird. Mit Ach und Krach schaffe ich die kleinere. Eine weitere Besonderheit des Hotels: Auf einer Bank, die aus einem einzigen, 36 Meter langen Baumstamm besteht, kann man das Alpenpanorama bewundern, während der eigene Allerwerteste auf einem Guinness-Buch-Rekord sitzt.

Am Waldrand trägt jede Bank ein Schildchen, das ihren Stifter nennt, eine Firma, einen Wanderer oder die Freunde eines einstigen Wanderers, die anlässlich seines achtzigsten Geburtstags zusammengelegt haben. Darunter ein frommer Spruch, ein «Robidog», ein Abfalleimer aus Metall zum Entsorgen der Hundehäufchen. Ausführliche Erklärungen machen den Hundehalter auf die Gefahren aufmerksam, welche die Exkremente seines Schützlings für die Emmentaler Kühe bedeuten.

Als armer Zimmermann fortgegangen

– Die Emmentaler Auswanderer

In der Schweiz gibt es nur wenige erhöhte Punkte, von denen aus kein anderes Land zu sehen ist. Kaum hat man einen Berggipfel mit freier Aussicht erreicht, tauchen die Spitze des französischen Mont Blanc, ein österreichischer Berg, ein Ausschnitt des deutschen Schwarzwalds oder das auf der italienisch-schweizerischen Grenze sitzende Matterhorn auf. Der einzige richtige Berg, von dem aus Alpen und Jura nur als Schweizer Gebirge erscheinen, heißt Napf, ein Gipfel, den in einem Umkreis von 360 Grad und so weit das Auge reicht, nur Einheimisches umgibt. Höhe 1406 Meter, für Autos unerreichbar, eine Art Vulkan, allseitig von Gebirgsbächen zerfurcht, die erst zu Flüssen werden, wenn sie die Ebene erreicht haben. Der Napf, beinahe perfekter Schwerpunkt der Schweiz, lohnt sich. Für seine Besteigung wird der Wanderer eine günstige Wettervorhersage bevorzugen.

Der Weg, der teils durch den Wald, teils oberhalb wilder Schluchten einem ansteigenden Bergkamm folgt, verläuft 700 Meter über den nächsten Dörfern, die zu Fuß ein bis zwei Stunden entfernt sind. Die tausenddreihundert Einwohner starke Gemeinde Trub, deren Dächer ich teilweise in der Ferne erkenne, kümmert sich nicht nur um die Instandhaltung des Pfades mit seinen Holzstufen, die überall dort angebracht wurden, wo es rutschig werden könnte, sondern informiert den Wanderer auch über die Dorfgeschichte. Eine Informationstafel verkündet:

«Im 19. Jahrhundert zählte die Schweiz zu den ärmsten Ländern Europas. Tausende Schweizerinnen und Schweizer waren damals gezwungen auszuwandern. (...) In jenen Jahren herrschte in der Schweiz eine große Hungersnot. Die Kartoffelkrankheit vernichtete das ‹Brot der Armen›. (...) So litten in der Schweiz nicht nur die untersten Schichten Hunger, sondern ganze Landstriche verarmten, auch angesehene Leute. Nach Amerika auszuwandern war damals für viele die letzte Hoffnung. (...) Auswanderungsunterstützung war damals gang und gäbe, denn viele Gemeinden rechneten aus, dass es sie billiger kam, ihre Armen mit einmaligen Beträgen nach Übersee abzuschieben, als sie über Jahre hinweg, vielleicht ihr Leben lang durchzufüttern. (...) Aus dem Kanton Bern wanderten zwischen 1847 und 1855 hochgerechnet rund 9400 Personen mit offiziellen Papieren aus. Das sind rund 2,5 Prozent der damaligen Bevölkerung. Die Dunkelziffer – Leute, die sich illegal absetzten – ist gemäß zeitgenössischen Konsularberichten allerdings viel höher. Folgen Sie auf dem weiteren Weg anhand von Briefen von ausgewanderten Bernern vier typischen Stationen auf dem Weg in die USA!»

Ergänzt wird die Information durch die Liste der 23 Auswanderer, die ihr Dorf im Zuge der Auswanderungswelle von 1845 verlassen haben. Die meisten von ihnen heißen mit Nachnamen Wüthrich. Ich kenne mindestens einen, dessen Ahnen nicht fortgegangen sind (oder sind sie vielleicht zurückgekehrt?). Er lehrte Chemie an der ETH Zürich. 2002 erhielt Kurt Wüthrich den Nobelpreis.

Die Hänge werden steiler, der Pfad schmaler, ist aber in gleichbleibend gutem Zustand bis zur nächsten Tafel mit dem Titel «Der Entscheid». Gemeint ist der eines gewissen John Hostettler, der erzählt, dass er zehn Jahre brauchte, um sich zur Ausreise zu entschließen. Als er erfuhr, dass einer seiner Freunde es geschafft hatte, in den USA Fuß zu fassen, hat er den Sprung gewagt und ist mit seiner ganzen Familie dem Freund gefolgt.

Einen Kilometer weiter, dort, wo in der Ferne die majestätischen Berner Alpen zu erkennen sind, steht die nächste Tafel «Von Bern nach Le Havre»:

«Freitag, den 18. April 1849, verließen wir unsere alte Hauptstadt (Bern) (...). Wir fuhren durch den Oberaargau, durch das Solothurner- und Baselbiet und langten endlich wohlbehalten um 10 Uhr abends in dem schönen und reichen Baselstadt an. (...)

Am folgenden Morgen mussten wir schon um 5 Uhr bereit sein, die Eisenbahn zu besteigen, die uns nach Straßburg bringen sollte.

In St. Louis an der französischen Grenze wurde unser Gepäck untersucht. Der Maire daselbst wollte uns hindernd in den Weg treten; er erklärte uns, wir könnten nicht weiter, wogegen ich aber, gestützt auf unsere Schriften, die alle in Ordnung waren, protestierte. In Straßburg erhielten wir den fatalen Bescheid, dass wir bis zum folgenden Tag warten müssten (...).

Durch Dampfschiff und Eisenbahn wurden wir endlich bis Paris befördert, wo unsere Effekten nochmals durchsucht wurden. Um weiteren Unkosten auszuweichen, fuhren wir nach einigen Stunden nach Havre, das wir am 26. April, morgens um 6 Uhr, erreichten. Sogleich wurden wir von einem Dutzend Mäkler umringt, die uns ihre Dienste anboten und in ein Wirtshaus führen wollten. Wir spiesen sie ab und gingen zur ‹Sonne›, wohin wir die Anweisung hatten.»

Mitte des 19. Jahrhunderts wurde der Dienst in fremden Armeen verboten, und so waren in den ländlichen Gegenden der Schweiz zu viele hungrige Mäuler zu stopfen. Unfreiwillige Emigration ersetzte das nicht selbstgewählte Söldnertum. Der Pfad verläuft weiter durch Wälder, in denen an Weihnachten 1999 der Wirbelsturm Lothar wütete.

Wieder eine Tafel, ein Brief, wie der vorige von J. J. Eduard:

«Auf dem Büreau (...) vernahmen wir, dass der ‹Orlando›, ein kleiner Dreimaster von 750 Tonnen, bestimmt war, uns nach Amerika zu bringen. Leider mussten wir aber 11 Tage in Le Havre verweilen, bevor wir uns einschiffen konnten. (...) Unterdessen kauften wir Lebensmittel (...). Sie bestanden für jeden aus 20 Pfd. Zwieback, 4 Pfd. Butter, 3 Pfd. Reis (...). Am 8. Mai lichtete unser stolzer ‹Orlando› die Anker. (...) Es ging nicht lange, so wirkten die Schwankungen des Schiffes auf die Passagiere (...). Der eine lag am Boden, der andere über das Verdeck hinaus, der Dritte im Bette und erbrach sich über den neben ihm liegenden Kameraden. (...) Nach und nach erholten sich die Leute wieder; das Kochen ging an, und zwar so stark, dass in den ersten Tagen schon unsere hölzerne Küche in hellem Brande stand.»

Von Zeit zu Zeit kreuzt der Pfad zum Napf einen Verbindungsweg zwischen zwei Dörfern. Nirgends eine richtige Straße, keine bewohnten Bauernhäuser, man kommt sich vor wie in einem Schweizer Wilden Westen. Letzte Tafel, ein Brief aus dem Jahr 1852, der Auswanderer ist angekommen:

«Nach einer Reise von 40 Tagen landeten wir endlich in New York. (...) Es war ein wundervoller Anblick, die neue Landschaft zu

sehen; es war uns, als ob wir in das Paradies einführen. (...) Die Freude, die man so bei einer Ausschiffung hat, ist gar nicht zu beschreiben; sogar die Kranken wurden wieder gesund. (...) Von New York reisten wir in einer Nacht mit einem Dampfboot bis Albany; von da mit der Eisenbahn nach Buffalo; von da mit dem Dampfboot über den Eriesee bis hier nach Sandusky City. (...) Den Jakob Wyss, welcher vor 4 Jahren als armer Zimmermann von uns auswanderte, hatten wir bald aufgefunden. Er empfing uns voll Freude; das war eine Lust, als wir uns begrüßten! Er griff gleich nach einem Schwein und einem Kalb, schlachtete und richtete uns Essen zu, als wenn Fürsten angekommen wären. Nach dem Essen machten wir noch eine Jagd; der Fang war aber nicht bedeutend. Wir mussten uns höchstlich verwundern, als wir sahen, wie viel der Jakob Wyss sich innert den 4 Jahren erworben hatte.»

Auf dem Gipfel des Napf angekommen ist die Aussicht versperrt, ein unverschämter Nebel macht sich breit und verhüllt die Alpen. Die Tagessuppe zu sechs Franken schmeckt ausgezeichnet, das von Hubschraubern heraufgeflogene Bier ebenfalls. In der Ferne höre ich Schüsse einer Militärübung. Ein paar Mountainbiker spielen Karten. Da hier die Kantonsgrenze verläuft, haben sie für ihre Partie die «deutschen» Karten herausgeholt, die bei den Luzernern die «französischen» der Berner ersetzen.

Ab hier ändert sich die Farbe der Kühe, und auf jeder Anhöhe steht wieder ein Kruzifix oder ein Holzkreuz. Man könnte meinen, das ganze vom Wirbelsturm niedergemähte Holz sei verwendet worden, um dem lieben Gott zu danken. Langer Abstieg. Das 400 Meter tiefer gelegene

Dorf hat ein hübsches Hotel, in dem das ganze Jahr über Retraiten, Seminare und andere Treffen stattfinden. Alle gehen früh zu Bett.

*

Am nächsten Tag wandere ich stufenweise abwärts bis zur Kleinen Emme. Im Tal, am Fuß der Felswand, liegt ein Quartier, in dem kosovarische Emigranten in sonnenlosen Blocks zusammengepfercht wohnen. Drei kleine Mädchen halten mich an, damit ich ihre selbst gemachten Parfüms teste, eines von jeder, und bitten mich zu wählen. Ich hätte Homer mitbringen sollen, das Urteil des Paris fällt mir ein, die drei Göttinnen, die den Zankapfel mit der Aufschrift «Für die Schönste» für sich beanspruchen. Um den Streit zu schlichten, befiehlt Zeus dem Paris, die Siegerin zu bestimmen. Der junge Mann verleiht den Preis Aphrodite, die ihm die Liebe Helenas versprochen hat, und schließlich endet das Ganze in einem Krieg in der Gegend der heutigen Türkei. Damit so etwas nicht passiert, sage ich zu den drei Mädchen: «Eure Parfums sind alle drei toll.»

Sie bleiben enttäuscht zurück.

Übereinander getürmte Berge, Wolken und Gletscher

– Leo Tolstoi (1828–1910)

Ich habe fast den Stadtrand von Luzern erreicht. Entlang eines gut ausgebauten Weges am Ufer des Flusses, der in den Vierwaldstätter See mündet, Militärdepots, Siedlungen mit Einfamilienhäusern. Ein Schild verkündet außerdem, ich befände mich auf dem «Liebesweg». Zwei Pfarrer, deren Namen ich mir nicht notiere, haben sich überlegt, dass hier Heiratskandidaten spazieren gehen und achtmal stehen bleiben könnten. Das Paar könnte diskutieren, verhandeln, achtmal mithilfe frommer Ratschläge sein künftiges Leben zu zweit besprechen. Acht Stationen, um sicher zu gehen, dass man sich nie wird scheiden lassen. Ich verkneife mir ein Lächeln über die Naivität dieser ledigen Kirchenmänner.

In Luzern selbst: die zigfach fotografierten Schwäne, die an die Touristen verteilten Wolldecken, damit sie auf den Caféterrassen nicht frieren, der Kopfbahnhof, die überdachte, mit hundertzwanzig bemalten Holztafeln geschmückte Kapellbrücke, an deren Enden jeweils ein Bettler sitzt, das imposante Hotel Schweizerhof, Zimmer mit Seeblick fünfhundert Franken die Nacht.

Dann die neueren Viertel weiter oben: in stets gleichem Abstand voneinander klobige Häuserblocks mit klaren Linien. Ein gut markierter Weg, zwei zementierte Spuren mit grasbewachsenem Mittelstreifen. Im ersten Dorf nach der Stadt nehme ich mir ein Zimmer mit Blick auf den

Zugersee und den See, der Luzern umspült. Endlich hole ich das mitgebrachte Buch hervor.

Da Luzern in der Schweiz das Touristenziel Nummer eins ist, will ich hier lieber einen ausländischen Schriftsteller in Erinnerung rufen, Leo Tolstoi. Mit achtundzwanzig Jahren, noch ohne viele Bücher verfasst zu haben, hat er unter Pseudonym einen Text über die Stadt und ihre Touristen veröffentlicht. Darin erzählt er von einem Sommerabend in Luzern am 7. Juli 1857. Im Hotel Schweizerhof, in dem er abgestiegen ist, betrachtet er vom Fenster aus die Landschaft vor seinen Augen:

«Vor meinem Fenster breitete sich zwischen den abwechslungsreichen grünen Ufern der See, blau wie brennender Schwefel, von zahllosen, als kleine Punkte erscheinenden Booten und ihren zerfließenden Spuren belebt, unbeweglich, glatt, wie gewölbt; er zog sich, zwischen zwei ungeheuren Bergvorsprüngen eingeengt, in die Ferne, schmiegte sich dunkelnd an die übereinander getürmten Berge, Wolken und Gletscher und verlor sich zwischen ihnen.»

Aber etwas in dieser prachtvollen Landschaft gefällt Tolstoi nicht: die Anwesenheit der reichen englischen Touristen, in deren Gesellschaft er seine Mahlzeiten einnehmen muss und vor denen die Bewohner des Landes offenbar andauernd katzbuckeln:

«Nun hat man dank dem ungeheuren Andrang der Engländer und aus Rücksicht auf ihre Bedürfnisse, ihren Geschmack und ihr Geld die alte Brücke abgebrochen und an ihrer Stelle einen schnurgeraden Sockeldamm angelegt, auf dem Damm mehrere geradlinige, fünfstöckige Häuser erbaut, vor den Häusern zwei Reihen

Linden gepflanzt und sie mit Pfählen gestützt. Zwischen den Linden hat man, wie es überall üblich ist, grün angestrichene Bänke verteilt.»

Als es Abend wird, vernimmt Tolstoi unter den Fenstern des Schweizerhofs Musik, die ihn verzaubert. Ein Landstreicher singt alte Weisen vom Auswandern, von der Liebe, von der Schönheit der Landschaft und begleitet sich selbst auf der Gitarre. An den Fenstern des Luxushotels applaudieren die englischen Familien, aber niemand spendet dem Musikanten den geringsten Obolus. Also geht Tolstoi hinunter und unterhält sich mit ihm, lädt ihn an den Tisch der Reichen, spendiert ihm den besten Champagner. In dieser kurzen Erzählung steckt der ganze Tolstoi: sein Mitleid mit den Armen, die seine Großzügigkeit nicht verstehen, sein Gefühl, auf der falschen Seite der Gesellschaft geboren worden zu sein und seine soziale Herkunft nicht verleugnen zu können.

Zu dem, was der russische Schriftsteller hier erzählt, gibt es eine zeitgenössische Fortsetzung. Am 18. August 1993 brannte die letzte Holzbrücke von Luzern nieder, und das ganze Land, das es soeben abgelehnt hatte, Europa beizutreten, trauerte, als sei sein gesamtes Erbe in Rauch aufgegangen. Wer würde uns die angeblich tausendjährige Brücke zurückgeben, unseren teuersten Schatz, dieses Bauwerk, um das die Welt uns beneidete? Weint mit uns, Länder der Welt, die Schweiz ist ein Waisenkind. Der Medienrummel aber, der dazu führte, dass Spenden in der dreifachen Höhe der Wiederaufbaukosten flossen, war ein Witz.

Wie schon Tolstoi schreibt, hatte man die längste und

älteste Brücke der Stadt bereits im 19. Jahrhundert zerstört, um Platz für den Schweizerhof zu schaffen. Was die berühmte Kapellbrücke betrifft, so war das, was man im Jahr 1993 davon sehen konnte, schon lange lediglich ein Nachbau ... Bereits bei Bauarbeiten zur Auffüllung des Sees war die Brücke an beiden Enden verkürzt worden und stand nur noch zur Hälfte. Die neuen Enden bekamen eine andere Ausrichtung. Wie Aufnahmen aus den Sechzigerjahren zeigen, wurde die Brücke anschließend zu zwei Dritteln zerstört, mitsamt ihrer Unterwasserkonstruktion, die man erneuert hat.

In seinem Nachwort zu Tolstois Text in der französischen Ausgabe bemerkt der Verleger Maurice Born:

«Damals hatte man eine Brücke vor sich, die in viel umfangreicherem Maß geschädigt war als nach dem Brand im August 1993. Bleibt also das Verschwinden der ‹unschätzbaren Gemälde› ... Ein neugieriger Mensch würde schnell entdecken, dass die verbliebenen 120 – von ursprünglich 158 – Tafeln laut Expertenmeinung während der Renovierungsarbeiten in den Achtzigerjahren ‹verhunzt› wurden.»

Die heute schöner als früher wieder aufgebaute Brücke hätte Tolstoi gewiss zu einem bissigen Text inspiriert. Oder er hätte die Roma am Brückeneingang eingeladen, sich mit ihm an der feinen Bar des Schweizerhofs zu stärken. Vorhin habe ich mich damit begnügt, diese mit meinen groben Wanderschuhen, meinem nicht mehr sehr sauberen Rucksack und meiner dreckigen Hose zu betreten. Als ich ein Bier bestellte, hat der Kellner mich genauso herablassend angeschaut wie der von Tolstoi beschriebene Lakai den Landstreicher, der als Gast zwischen den englischen Touristen saß: *«Der Kellner, der uns bedienen sollte, betrachtete uns mit nachsichtigem, spöttischem Lächeln und unterhielt sich, die Hände in den Taschen, mit der buckligen Küchenmagd.»*

*

In Richtung Zug geht es sanft bergab durch eine gepflegte, zivilisierte Natur. Die Bauern betätigen sich hier als Landschaftsgärtner und Lieferanten der Schätze des Bodens. Vertrauensvoll bieten sie dem Vorbeikommenden ihre Produkte an. Der kann sich an selbstgemachten Marmeladen, Honig, Eiern, frischem Gemüse und Butter bedienen, sich sogar Eis aus einem Gefrierschrank nehmen und die angezeigte Summe in einen Korb legen. Bevor ich den See erreiche, klettere ich über die Leitplanke und renne über die Autobahn. Dann wandere ich zwischen geschützten Rosengärten von einem umzäunten Anwesen zum nächsten. Automatische Tore für Luxuslimousinen, hier weht die reine Luft des Zuger Steuerparadieses.

Noch zwei Sätze von Tolstoi:

«Ich brannte vor heißem Zorn der Entrüstung, den ich bei mir so gern sehe und den ich zuweilen sogar anfache, weil er beruhigend auf mich wirkt und mir, wenn auch für kurze Zeit, eine ungewöhnliche Elastizität, Energie und Kraft aller meiner physischen und moralischen Fähigkeiten verleiht. (...) Eure lausige Republik! ... So sieht eure Gleichheit aus!»

Was nützt uns der Regen von vor tausend Jahren?

– Paracelsus (1493 oder 1494–1541)

Er ziehe Wege und Straßen den Universitäten vor, auf denen man nichts lerne, hat Paracelsus gesagt, der ständig unterwegs war und in jeder Kneipe haltmachte, um regionale Rezepte zu sammeln, deren Bedeutung die gelehrte Wissenschaft vergessen hatte. Da Paracelsus in Einsiedeln geboren ist, dem Ziel meiner Route, nehme ich ihn als Mentor mit.

Aufbruch am Seeufer. Zug zählt mehr Briefkästen als Einwohner, seine Hauptspezialität ist die «Steueroptimierung», welche die Renovierung einer mit Ausfalltoren, Befestigungsmauern samt Schießscharten und altmodischen Dächern geschmückten Altstadt erleichtert. Seine zweite Spezialität, der Kirschschnaps, erlaubt den lokalen Konditoren, täglich mehrere Hundert Zuger Kirschtorten zu verkaufen. Jenseits der Stadtmauern führt der Weg bergauf durch beeindruckende Kirschplantagen, von denen aus man einen unverbaubaren Blick auf den See, die Golfplätze und die großen Glashäuser hat, in denen die «Steuerflüchtlinge» wohnen.

Nach der Überwindung von 300 Höhenmetern erreiche ich einen Gasthof, in dem Dutzende Wanderer vor verschiedenen lokalen Getränken sitzen. Paracelsus hätte wählen können: Cidre mit oder ohne Alkohol, trübe oder gefiltert, gemischt mit Limonade oder Bier. Der Skilift, der seine Kundschaft von 700 auf 1000 Meter befördert, kommt kaum zum Einsatz, nicht mal im Winter. Dann führt ein sanfter Hang bis zum nächsten See, dem Ägerisee, der nicht die kleinste Kräuselung aufweist, still daliegt wie ein Teich. In dieser Gegend ereignete sich eine Großtat der Urschweiz: die Schlacht am Morgarten. Unsere Lehrerin hat uns erzählt, unsere Vorfahren hätten so viele Österreicher in den See geworfen, dass deren Blut das Wasser rot gefärbt habe. Seit 1315 hatte es genügend Zeit, um wieder seine richtige Farbe anzunehmen.

Im Café an der Landungsbrücke weist mein Nachbar mit Seemannsmütze mich darauf hin, dass es in der Schweiz über hundertfünfzig Seen gibt. Etwa zwanzig von ihnen, wie dieser hier, werden für Ausflüge mit öffentlichen Verkehrsmitteln genutzt. Sechzehn Gesellschaften bieten ihre Dienste auf hundertfünfzig Schiffen an, die über fünfundsechzigtausend Passagiere befördern können. Als mein Nachbar sieht, wie ich seine Informationen in meinem Heft festhalte, sagt er, er sei stolz auf die Schweizer Süßwassermarine. Sie habe siebenhundert feste und vierhundert befristete Arbeitsplätze geschaffen. Die Berufe seien reglementiert, durch Tressen ausgewiesen. Um Kapitän eines Dampfschiffs zu werden, müsse man mindestens zwanzig Jahre gedient haben. Als Matrose fange man an, dann werde man Kassierer oder Steward, mache einen Führerschein, um anfangs maximal einundfünfzig Passagiere zu befördern, später bis zu dreihundert und mehr. Der theoretische Unterricht dauere mehrere Wochen. Der Kapitän eines einfachen Schiffs trage drei Tressen, ein Dampfschiffkapitän vier. Ein weiterer Lehrgang bilde Mechaniker aus, bei denen der höchste Dienstgrad ebenfalls durch drei Balken auf den

Schulterklappen gekennzeichnet sei. Jedes Jahr, sagt mir der Mann ohne Tressen, machen wir Süßwassermatrosen zwölf Millionen Passagieren eine Freude.

*

Am nächsten Morgen nehme ich nicht das Schiff, sondern gehe zu Fuß Richtung Einsiedeln weiter und durchquere eine Sumpfgegend. Um das Hochmoor von Rothenthurm tobten in den Achtzigerjahren leidenschaftliche Kämpfe im ganzen Land. Die Schweizer Armee wollte es als Panzerübungsplatz nutzen. Doch einige Bauern aus der Gegend weigerten sich, ihr Land abzutreten. Als man sie enteignen wollte, hat die Schweizer Großstadtjugend von St. Gallen bis Genf sie tatkräftig unterstützt. Ich erinnere mich noch an die «Nieder mit der Armee»-Rufe, die wir den Obersten entgegenschleuderten, die dabei ihre Mützen verloren. Das Ganze endete mit einer eidgenössischen Abstimmung, die uns recht gab.

Inzwischen sind die Moore geschützt, hier wie in der übrigen Schweiz. Das Rothenthurmer kannte ich bisher nur von Fotos. Vor mir liegt eine verzauberte Landschaft, Hügel und Senken, Baumgrüppchen, umgeben von sich zögernd schlängelnden Wasserläufen, hohen Gräsern, Moos, hier und da Schilfrohr in wechselnden Farben. Das Herz des Naturschutzgebietes ist unzugänglich für den Wanderer, der über mehrere Kilometer daran entlangläuft. In der Ferne die gewaltige Masse des Pilatus, jenes Berges, unter dem Luzern Schutz sucht.

In einem leeren Restaurant spiele ich Paracelsus, der sich mit der Wirtin unterhält. Wir sprechen Schweizerdeutsch. Sie gehörte damals zu denen, die ihr Land nicht an die Armee verkaufen wollten, hat sich nicht bereichert. Bereut sie es? Sie lächelt zweideutig, sagt schließlich: Ich wäre heute reich und würde nicht ein Haus führen, das sogar sonntags leer ist.

Nachdem ich einen kleinen Bergkamm überwunden habe, erkenne ich in der Ferne die klobige Masse eines religiösen Bauwerks im Zentrum einer wohlhabenden Ortschaft. Seit dem Jahr 934 ist es das meistbesuchte Kloster des Landes. In Einsiedeln kreuzt meine Route abermals den Jakobsweg. Die Pilger kommen hierher, um der Schwarzen Madonna die Füße zu küssen. Sie thront in einer mit süßlich triefendem Barock ausgestatteten Kirche. Nicht weit entfernt erhebt sich ein Denkmal zu Ehren des Landeskindes Paracelsus, hier etwas vorschnell als «Erfinder der Chemotherapie» bezeichnet.

Mein Wissen über diesen Arzt ist durch einen Film verzerrt, den Georg Wilhelm Pabst 1942 gedreht hat. Der österreichische Filmemacher, der im Übrigen wunderschöne Filme wie «Die Büchse der Pandora» oder «Mademoiselle Docteur» beziehungsweise «Spione von Saloniki» schuf, floh aus seinem Land, als die Deutschen kamen, kehrte dann aber zurück, um ihnen zu Ehren einen Film über Paracelsus zu drehen, und widmete nach dem Krieg seine restliche Karriere der Entnazifizierung.

Paracelsus wurde 1493 in Einsiedeln geboren, Hochburg eines äußerst reaktionären Katholizismus. Sein Vater war Arzt, er selbst studierte aber wohl nie, auch wenn er es behauptete. Konfrontiert mit der auf den tausendjährigen galenischen Grundsätzen beruhenden Medizin seiner Zeit, hinterfragt er die universitären Doktrinen und stützt sich auf die volkstümlichen und alchimistischen Traditionen, denen er auf seinen unermüdlichen Wanderungen begegnet. Geduldig rekonstruiert er ein altes Wissen, hält es in Abhandlungen fest, die er auf Deutsch verfasst, als bei medizinischen Werken noch das Lateinische die Regel ist.

In einem bestimmten Moment seines Lebens (dem, der im Film geschildert wird) kommt er nach Basel, wo er von Erasmus, Ökolampad und den berühmten Druckern empfangen wird. Seine Wissenschaft wirkt Wunder, er lehrt an der Universität, schützt die Stadt vor der Pest, heilt die Krätze mit neuen Mitteln. Doch sein ungestümes Wesen und sein rüpelhaftes Verhalten tragen ihm schließlich die Feindschaft der Basler Gelehrten ein. Erneut zieht er los, von einer Kneipe zur nächsten. Sein medizinisches Projekt ähnelt in mehrfacher Hinsicht dem Luthers im religiösen Bereich: Höhere Wertschätzung von Volkswissen und Volkssprache, Misstrauen gegenüber Klerikern aller Art: *«Was nützt uns der Regen von vor tausend Jahren? Nützlich ist der, der heute fällt.»*

In Pabsts Film wird dieser Aspekt verherrlicht: Das Volk ist gegenüber der politischen Klasse im Recht, es braucht einen Führer, Intellektuelle sind suspekt. Nach der Vereinnahmung des Paracelsus durch Pabst ist jene durch die Freunde des Fortschritts, die ihn zum Erfinder der Chemotherapie machen, kaum redlicher. Ich will glauben, dass es noch einen anderen Paracelsus gibt, einen Armenarzt, einen Mann seiner Zeit und großen Wanderer, allemal groß genug, um ihn heute zu würdigen.

Sie gafften mich an wie einen Türken

– Ulrich Bräker (1735–1798)

Für meine Wanderung ins Toggenburg, jenes abgelegene Tal im Kanton Sankt Gallen, nehme ich das Buch mit, in dem Ulrich Bräker sein Leben schildert: «Der arme Mann im Tockenburg». 1735 in eine bettelarme Familie mit elf Kindern geboren, erzählt er, wie er Ziegen hütete und erst mit sechzehn Jahren beim Dorfpfarrer Schreiben lernte. Mit neunzehn wurde er als Lakai verkauft, dann an einen Werbeoffizier, der ihn nach Berlin mitnahm. Dort wurde er als Infanterist in die preußische Armee Friedrichs II. eingezogen. Während der Schlacht bei Lobositz (heute Tschechien) desertierte er und kehrte zu Fuß in sein Tal zurück, wo niemand ihn wiedererkannte. Mit sechsundzwanzig heiratete er ein Mädchen aus seiner Heimat und konnte dank der Mitgift einen Baumwoll- und Garnhandel aufziehen, von dem er allerdings nichts verstand. Das Paar bekam Kinder, versank in Schulden.

Im Hungerjahr 1770 ist Ulrich Bräker fünfunddreißig Jahre alt. Seine gesamte Familie leidet an Ruhr, die beiden ältesten Kinder sterben daran. Er denkt an Selbstmord. 1776 verfasst er auf der Grundlage seiner eigenen Erfahrungen mit Verschuldung ein Werk über das «Baumwollengewerb und den Credit». Die Toggenburgische Moralische Gesellschaft verleiht ihm einen Preis und bietet ihm die Mitgliedschaft an. Nun hat er Zugang zur Bibliothek, liest Rousseau und beginnt sein Leben niederzuschreiben. Ein Mitglied der Gesellschaft schickt sein Manuskript nach Zürich, wo der Verleger Füssli es zunächst in einer Zeitschrift, dann als Buch veröffentlicht. Obwohl «Der arme Mann im Tockenburg» in ganz Deutschland gelesen wird, macht das Buch den dreiundfünfzigjährigen Ulrich nicht reicher. Zehn Jahre später, 1798, stirbt er, vom Alkohol vernichtet.

Von Einsiedeln aus führt mich ein weiter Halbkreis um den künstlich angelegten Sihlsee bis zu der Brücke, die die Sihl überspannt. Dort stoße ich auf eine Tafel mit der Angabe des genauen Geburtsortes von Paracelsus. Es folgt ein sanft ansteigender Hang, geschmückt mit einer Reihe von Landgasthöfen, in denen die Zürcher Stadtbürger sich fröhlich entspannen. Mindestens zehnmal löse ich den Draht eines elektrischen Zauns und hake ihn wieder ein, bevor ich auf 1246 Metern den höchsten Punkt erreiche. Zu meinen Füßen mehrere Seen, am eindrucksvollsten der lang gezogene Zürichsee, umschlossen von der Agglomeration einer Million Einwohnern. In der Ferne, unterhalb des Glärnisch, den Schiller so geliebt hat, Vrenelisgärtli. Ein dunkles Dreieck, die erste Darstellung des weiblichen Geschlechts, die ich als Kind sah. Mein Zürcher Großvater stellte das Fernglas für mich ein und sagte: Schau zwischen die Beine. Es hat einige Zeit gedauert, bis ich dieses Rätsel verstand.

Der Abstieg in die 800 Meter tiefer gelegene Ebene dauert zwei Stunden und zerdrückt mir die Knie. Vor anderthalb Jahrhunderten wurde dieses sumpfige Tal entwässert, begradigt, zivilisiert, was keine Verschönerung bedeutete. Ich setze mich in den Schatten einer spätgotischen, mit einer doppelten Dreifaltigkeit fromm geschmückten Kapelle: Vater, Sohn und Heiliger Geist sowie die drei Eidgenossen beim Rütlischwur. Über unsere patriotische Naivität wundere ich mich nie. Im Hotel erwartet mich Ueli.

Ich glaube, sein Buch habe ich noch vor Rousseau gelesen. In gewisser Weise sitzt Ueli noch immer in einem Winkel meines Gedächtnisses, wenn ich die zur gleichen Zeit verfassten «Bekenntnisse» lese. Er wirkt als eine Art Gegengift. Ueli, ein echter Bauer, muss Ziegen hüten, statt in der Uhrmacherwerkstatt seines Vaters die Klassiker zu lesen. Er ist ein Mann, der seine Berge nicht liebt, wenn er sie vom anderen Seeufer aus betrachtet oder beim Kräutersammeln, sondern wenn er an Steilhängen Heu erntet. Beide, Ueli wie Jean-Jacques, erleben turbulente Liebesabenteuer, beiden wird für einen klugen literarischen Essay ein Preis verliehen. In Uelis Fall handelt es sich dabei allerdings um Betrachtungen über den Ursprung seiner eigenen Schulden. Beide müssen fliehen, zu Fuß beachtliche Entfernungen zurücklegen, doch für Ueli, einen Fahnenflüchtigen, geht es dabei um Leben und Tod.

Trotz aller Bewunderung, die ich Jean-Jacques stets entgegengebracht habe (indem ich ein erstes Mal auf der St. Petersinsel geheiratet habe, ein zweites Mal zum Klang der Oper «Les Fêtes de Ramire», dessen Libretto er verfasst hat), erscheinen mir seine Lebensetappen oft aufgebläht durch die Art und Weise, wie er davon erzählt. Dagegen ist die Beschreibung der Abenteuer, die Ueli im Dienst des von den Aufklärern bewunderten großen Friedrich erlebt, von grausamer Nüchternheit. Auf dem Schlachtfeld gleicht Ueli weder Fabrice in Waterloo noch Candide in der bulgarischen Armee, er ist ein Schweizer, den man verkauft hat wie zwei Millionen seiner im Lauf der Jahrhunderte vom Adel verdingten Landsleute. Sogar in Genf, mein lieber Jean-Jacques, wovon bei Ihnen kaum die Rede ist. Die Existenz dieses Landes und seine eher populistische als demokratische Ideologie basieren in weiten Teilen auf der Ausbeutung jener Scharen hungernder, überzähliger Bauern, die den Fürsten Europas, ob aufgeklärt oder nicht, überlassen wurden. Ueli ist ein echter Bauer eines Alpentales, fern der Idylle, die sich das städtische Bürgertum erträumte.

Er versteht es, von der Natur zu sprechen, wenn diese zum Feind wird und seine Familie nicht mehr ernährt, versteht es, von der aufkommenden Industrie zu erzählen, die wenig gemein hat mit der von Diderot in der «Enzyklopädie» beschriebenen Autarkie der Schweizer Bauern. Als er in seine Heimat zurückkehrt, nachdem er zu Fuß Europa durchquert hat, um dem Schlachtfeld zu entkommen, hat seine Verlobte einen anderen geheiratet, und ihm ist die Freude an der Landarbeit vergangen: *«(...) die anderen gafften mich an wie einen Türken.»*

*

Am nächsten Morgen laufe ich in die falsche Richtung, weil ich mit dem falschen Fuß aufgestanden bin. Zwei Punks aus der Gegend weisen mir freundlich den richtigen Weg. In der Ebene durchweg städtische Bebauung, Spaziergänger sind zu Joggern geworden, haben ihren Hund dabei oder sogar eine Drohne, die ihre schweißtreibende Anstrengung überfliegt. Am Beginn des Kantons Glarus kaum eine Veränderung, einige durch militärische

Schüsse erzwungene Umwege. Ich erreiche den Walensee. Am heutzutage touristischen Pier eine Tafel: «*Von hier zogen sie nach Amerika aus, um New Glarus zu gründen.*»

Vom See wandere ich steil bergauf, die Art von Strecke, die ich gewohnt bin. Hier und da wurden am Hang Stufen in den Felsen geschlagen. Beim Blick nach oben sehe ich die Bergspitzen, die Köpfe der sieben Churfirsten, die das Toggenburger Tal abschließen. Endlich erreiche ich Amden, ein am Hang liegendes Dorf, und hole Ueli aus meinem Rucksack:

«Freilich Geständnisse, wie Rousseaus seine, enthält meine Geschichte auch nicht und sollte auch keine solchen enthalten. (...) Und mein einzig unparteiischer Richter kennt mich ja durch und durch, ohne meine Beschreibung. (...) Um indessen doch einigermaßen ein solches Geständnis abzulegen und euch, meine Nachkommen, einen Blick wenigstens auf die Oberfläche meines Herzens zu öffnen, so will ich euch sagen, dass ich ein Mensch bin, der alle seine Tage mit heftigen Leidenschaften zu kämpfen hatte. (...) Man denke sich also meine damalige Lage in einem rohen einsamen Schneegebürg'.»

In einem bescheidenen Winkel dahinträumen

– Robert Walser (1878–1956)

Von Amden aus hätte die Seilbahn mir den steilen Aufstieg um 500 Höhenmeter ersparen können. In dieser Gegend stehen die Bauernhäuser einsam in der Landschaft, ein jedes mit einem großen Gemüsegarten am Hang. Eine Bäuerin begrüßt mich, hat Lust, mir von ihrem Leben zu erzählen, das in Malaysia begann, wo sie ihren Mann kennenlernte. Auf der Türschwelle gesellen sich zwei kleine Mädchen mit leicht asiatischem Aussehen zu ihr. Ich würde so gern Orchideen pflanzen, sagt sie.

Weiter geht es bergauf bis zu einer Stelle auf 1416 Meter Höhe, die «Hinter Höhi» heißt. Mein Weg kreuzt einen anderen, der um das Toggenburg herumführt. Ein letztes Mal drehe ich mich um zum 1000 Meter tiefer gelegenen Walensee. Sein Name bedeutet «See der Welschen», wie die rätoromanischen Siedler genannt wurden. Nach einer weiten Schleife am Berghang entlang bis zur sogenannten «Vorder Höhi» laufe ich an einem tosenden Bergbach entlang abwärts. Bis nach Amden sind es nicht einmal 10 Kilometer Luftlinie, aber das Auf und Ab bis ans Ufer der Thur hat sechs Stunden gedauert. Abends, in einem schönen Hotel mit so niedrigen Decken, dass man am besten den Kopf einzieht, bereite ich meine morgige Ankunft im Appenzell und meine Begegnung mit Robert Walser vor.

An der Wand meines Arbeitszimmers hängt in Sichtweite das Foto eines auf dem Rücken im Schnee liegenden Mannes, sein Hut ist ein Stück weggerollt, man erkennt den Abdruck seiner letzten Schritte, man stellt sich vor, wie er geschwankt ist. Es geschah am Weihnachtsabend des Jahres 1956, wenige Kilometer von der psychiatrischen Anstalt in Herisau entfernt. Kinder aus dem benachbarten Bauernhof entdeckten den leblosen Körper des Patienten Nr. 3561. Der Schriftsteller Robert Walser war achtundsiebzig Jahre alt. Seit dreiundzwanzig Jahren lebte er in Heilanstalten, schrieb nicht mehr. Seine Prosa, eine Mischung aus Liebenswürdigkeit und Ironie, hatte Kafka, Musil, Benjamin beeindruckt. Lange habe ich nach einer Erklärung für sein Schweigen gesucht. Anfangs hatte ich eine zu simple.

Walser war gegen seinen Willen in Herisau eingesperrt, nachdem er freiwillig in der Waldau gelebt und dort seine Zeit mit Schreiben verbracht hatte. Doch dann hat man ihn aus administrativen Gründen weit weg von allem, was er kannte, untergebracht, er verlor seine Anhaltspunkte, erklärte: *«Nicht weil man Zeit hat, kann man den Schriftsteller spielen.»* Später hat er seinem Freund beteuert: *«Es ist Unsinn und eine Rohheit, an mich den Anspruch zu stellen, auch in der Anstalt zu schriftstellern. Der einzige Boden, auf dem ein Dichter produzieren kann, ist die Freiheit.»*

Wenn ich heute an Walsers Schweigen zurückdenke, würde ich es anders erklären. In mehreren seiner Texte finden sich detaillierte Vorzeichen. So erscheint in «Geschwister Tanner» eine Figur, die auf einem Spaziergang im Schnee stirbt, ein Gedichtheft in der Tasche, auf dem Kopf einen Hut, der fortrollt. Oder diese andere Figur, die ihre Tage in der Psychiatrie beendet. Walser hat alles vorausgesehen, alles schon erzählt. Er bekam nicht die

Anerkennung, die er sich erhofft hatte, was blieb ihm da übrig? Ein Wanderer zu sein, täglich allein mit weiten Schritten von einem Hügel zum anderen zu schreiten, aus bloßer Freude daran, weiterzugehen, am Leben zu sein. Um sich dieses Privileg zu sichern, legt er seine Existenz in die Hände eines nicht allzu strengen Hauses, das ihm ein Bett, Mahlzeiten und die Ruhe gewährt, die für das Abheben des Wanderers nötig ist.

In der deutschsprachigen Literatur haben andere für geisteskrank Erklärte sein Schicksal geteilt. Kleist, Hölderlin, C. F. Meyer, Friedrich Glauser suchten in Psychiatrien Zuflucht, so wie andere vor ihnen ihre Tage in einem Kloster beendet haben. Einem Besucher hat Walser gestanden:

«Ich bin überzeugt, dass Hölderlin die letzten dreißig Jahre seines Lebens gar nicht so unglücklich war, wie es die Literaturprofessoren ausmalen. In einem bescheidenen Winkel dahinträumen zu können, ohne beständig Ansprüche erfüllen zu müssen, ist bestimmt kein Martyrium. Die Leute machen nur eines daraus!»

So gesehen glaube ich, dass Walsers Passivität eine Strategie war, die er schon seit einer Weile vorbereitet hatte. Gewiss gab es bei ihm eine Neigung zur Schizophrenie, aber ich möchte glauben, dass er begriffen hat, dass sie ihn in seinem Vorhaben ewiger Wanderung unterstützen konnte. Anfangs hat er über eine Ohrenkrankheit geklagt, vermutlich Tinnitus. Später hat er aus den Geräuschen Stimmen gemacht. Da klingt der Arztbericht triumphierend: Der Patient gebe endlich zu, in letzter Zeit Stimmen gehört zu haben.

Die psychiatrische Einrichtung nimmt dieses Geständnis gern entgegen. Dem Patienten, dessen Zustand unverändert bleibt, erlaubt es nun, die Anstalt zur materiellen Basis seiner Existenz zu machen. Bezüglich der Stimmen sagt Walser, dass bereits «*im alten Rom, im klassischen Griechenland (...) Menschen vorkamen, die sich dem Glauben hingaben, innere Stimmen seien anhörenswerter als äussere*». Nach dem Tod seiner Schwester im Jahr 1944, als er selbst schon zehn Jahre in Herisau lebt, droht ihm die Verlegung zu den armen Alten in seiner Herkunftsgemeinde. Er wehrt sich gegen die Befreiung, durch die sich die Qualität seines Alltags verschlechtern würde. Schließlich hat er ein Werk geschaffen, auf das er stolz ist, in dem er schon alles festgehalten hat, was gerade mit ihm geschieht. Er braucht sich jetzt nur noch leben zu lassen, wandern zu lassen, bis sein Hut in den Schnee rollt. Wenn ich an der Wand diesen in der weißen Landschaft auf dem Rücken liegenden Körper betrachte, stelle ich ihn mir glücklich vor.

*

Ein schöner Pfad führt mich aus dem Toggenburg zu einem Pass hinauf. Oben angekommen, steuere ich, vom wuchtigen Säntis erdrückt, die Talstation seiner Schwebebahn an. Dort mache ich nur eine kurze Mittagspause. Bei dem heutigen schönen Wetter stehen mehrere Dutzend Busse und ein paar Hundert Autos auf den Parkplätzen. Alles zwängt sich in die Kabine, um zum Gipfel hinauf zu fahren und sich an die Fenster des Panoramarestaurants zu drängen. Ich laufe lieber Richtung Appenzell, den schattigen Weg am Fluss entlang. Ein bisschen weniger Alpenpanorama, dafür eine umso freundlichere Natur.

Während ich auf die rote Schmalspurbahn warte, um wieder in die Ebene zu fahren, lese ich eine kurze Wandergeschichte von Walser. Darin schildert er seinen Dreitagesmarsch von Bern nach Genf, wo er vor der Rousseau-Statue auf ihrer Insel den Hut ziehen will. Dann lese ich in «Schnee»:

«Doch ich arbeitete mich wacker durch und ging weiter. Schon wurde es finster im weißen Zauberwald. Da ging ich bergabwärts, durch all den Schnee. Einmal warf es mich um, dass ich im Schnee saß, als habe ich mich zu Tisch setzen wollen, um zu soupieren.»

Guten Appetit, lieber Herr Walser.

Der See, eine planetarische Landschaft

– Henry Dunant (1828–1910)

Im Jahr 1887, mit neunundfünfzig Jahren, als er wie ein alter Mann am anderen Ende seines Landes den Ort wählt, an dem er sein Leben beenden will, sagt Henry Dunant, in Heiden habe er den Bodensee vor Augen wie in Genf den Genfersee. Er braucht einen See, um im Alter Ruhe zu finden. Auf meiner letzten Etappe nehme ich diesen bürgerlichen Dissidenten mit. Sein humanitärer Traum gefällt mir, selbst wenn sein Realismus, dieses «Den-Krieg-menschlicher-Machen», einem Angst machen kann.

Ich laufe von einem Hügel zum nächsten, ohne den kleinen roten Zug aus den Augen zu verlieren, der, wenn der Wanderer ermüdet, auf Wunsch anhält. Der Weg ist angenehm, das Gras so zart, der Boden so torfig, dass man Lust bekommt, die Schuhe auszuziehen und drei, vier Kilometer barfuß weiterzulaufen. Lokale Tradition: Die Männer gingen barfuß zur Landsgemeinde, um über Kantonsangelegenheiten zu beraten. Nach dem flauschigen Teppichboden kann man bis zu den Waden in Lehm versinken und anschließend durch einen Bach waten, um sich die Beine zu waschen. Seltsames Schauspiel: einem anderen Wanderer zu begegnen, die Schuhe in der Hand, als wolle man eine heilige Stätte betreten.

Kurz vor Appenzell komme ich an ganz aus Holz errichteten Bauernhäusern vorbei, unter deren Spitzdächern kaum noch Platz bleibt für die vierte und letzte Etage. In dieser Halbkantonshauptstadt mit ihren sechstausend Einwohnern hängen bunt bemalte Holztafeln mit ländlichen Szenen und Fantasieblumen an den Häusern. Über Berg und Tal laufe ich weiter bis Trogen, wo alles Miniaturformat hat, Hügel wie Menschen: kleine Männer mit ihrer Deckelpfeife, Frauen im Sonntagsstaat mit einer bestickten Haube, die an einen punkigen Haarkamm erinnert, Knaben in kurzer Lederhose und mit goldenem Ohrring. Folklore geht mir oft auf die Nerven, hier aber lasse ich sie durchgehen, weil ich das Gefühl habe, sie entspricht der Art, wie die Familien hier wohnen in ihren Häusern, die für sich und in einigem Abstand zu den Nachbarn stehen, alle im Lauf des letzten Jahrtausends geschickt über das ganze Gebiet verteilt.

Das abseits von Trogen gelegene Pestalozzidorf nimmt Waisenkinder aus der ganzen Welt auf. Wenn diese erwachsen sind, ob Tibeter oder Peruaner, lieben sie die Gegend so sehr, dass sie Appenzeller werden wie jene, die heute Abend in der Kneipe vor einem Kräuterschnaps sitzen, einer Spezialität der Gegend.

Auch hier ist im Hotel die Zimmerdecke nicht hoch genug, ich muss mich in leicht gebückter Haltung durch den Raum bewegen. Beim Gang durch eine Tür vergesse ich aufzupassen. Mit einer kalten Kompresse auf der Stirn brüte ich im Bett über Dunant, der sich mit nur neunundfünfzig Jahren für einen alten Mann gehalten hat. In Genf hat man ihm spät und im toten Winkel eines öffentlichen Platzes ein kleines Monument errichtet. In der Mitte desselben Platzes ist Henri Dufour, Mitbegründer des Roten Kreuzes und überdies General, in den Genuss einer Reiterstatue gekommen. Dunant dagegen war, nachdem er die Idee einer Ersten Hilfe für Kriegsverwundete in die Welt gesetzt hatte, in geschäftliche Schwierigkeiten geraten. Sein Bankrott hat ihn aus den besseren Genfer Kreisen hinauskatapultiert. Dabei hatte er gut angefangen, mit einer Banklehre und anschließenden Investitionen im frisch kolonisierten Algerien. Um des geschäftlichen Erfolges willen hatte er die französische Staatsbürgerschaft angenommen, hatte versucht, Napoleon III. zu treffen und um finanzielle Unterstützung zu bitten.

Dann war er eher zufällig, wie er sagt, auf die Schlacht von Solferino gestoßen: achtunddreißigtausend verwundete oder tote Soldaten in zwei Tagen. Die Schreckensszenarien, die Sterbenden, denen niemand beistand, haben ihn so stark beeindruckt, dass er nie mehr von diesen Bildern loskommen sollte. In «Eine Erinnerung an Solferino», dem Buch, das ich mitgenommen habe, erzählt er von diesem Trauma. Auf eigene Kosten veröffentlicht und verteilt er tausendsechshundert Exemplare, um für seine Idee einer Vereinbarung zwischen kriegführenden Parteien zu werben. Bei der internationalen Konferenz in Genf im Oktober 1863 wird das Rote Kreuz gegründet. Knapp ein Jahr später unterzeichnen zwölf eingeladene Staaten die erste Genfer Konvention. Drei Jahre darauf wird Dunant als Persona non grata aus Genf verjagt. Geschäfte gehen nun mal vor Philanthropie. Im Übrigen ist Dunant kein einfacher Mensch, äußerst schüchtern und mit einer Schwäche für eine nicht sehr calvinistische Mystik.

*

Am nächsten Morgen steige ich hoch zu einem Berggipfel, von wo der Blick zum Bodensee, nach Deutschland und Österreich geht. Irgendwo mitten im Wasser endet die Schweiz.

Heiden ist seit 1875 durch eine Zahnradbahn mit dem 400 Meter tiefer gelegenen Rorschach verbunden. Vierzig Jahre zuvor wurde das Dorf, das heute viertausend Einwohner zählt, nach einem verheerenden Brand im Schachbrettmuster wieder aufgebaut. Auf dem Dunantplatz, nicht weit entfernt vom Dunant-Haus und vom Dunant-Museum, zeigt ein Standbild den lokalen Helden, wie er einem ihm zu Füßen knienden Verwundeten Hilfe leistet. Gegenüber dem Zimmer, das er im zweiten Stock des Spitals von Heiden bewohnte, wurde auf einem riesigen Sockel eine von einem Bildhauer gegossene Glocke aufgestellt, die dreimal im Jahr läutet: an Dunants Geburtstag, an seinem Todestag und am Tag des Bombenabwurfs über Nagasaki. Hier wurde Dunant im Jahr 1901 mitgeteilt, dass man ihm gemeinsam mit einem Pazifisten den Friedensnobelpreis verleihen werde. Seitdem ein junger Journalist aus der Gegend ein Gespräch mit ihm veröffentlicht hatte, entsann sich die Welt wieder seiner Werke, schrieben ihm der Papst und der Bundesrat. Selbst aus Genf erreichten ihn einige Briefe.

Ich lese noch einmal die letzten Sätze seines Textes über Solferino, seine Vorahnung bezüglich des Ersten Weltkrieges: «*(...) werden nicht in diesem Jahrhundert, in dem das Unvorhergesehene eine so große Rolle spielt, Kriege hier oder dort ganz plötzlich und völlig unerwartet ausbrechen?*» Ganz richtig, mein lieber Dunant.

Der Seeblick erinnert an die Sicht auf den Genfersee, aber eher an die, die man vom französischen Ufer aus hat, mit den Alpen im Rücken. Nachdem ich auf meiner Wanderung durch die Schweiz so vielen Seen begegnet bin, verstehe ich, dass sie zu unserer landschaftlichen Vorstellungswelt gehören. Nicht nur die Einwohner von Neuenburg, Lugano oder Thun blicken auf einen See. Mit den öffentlichen Verkehrsmitteln kann jeder Bewohner der Schweiz in wenigen Stunden zu einem Seegenießer werden. Das ist es, was uns mit der Globalität verbindet. Von den weltweit fünfzig Seen, durch die eine Grenze verläuft, liegen allein fünf in der Schweiz. Bestimmt hat Dunant genau das gesucht: Der Bodensee ermöglichte ihm wie der Genfersee, das eine Wort nicht zu vergessen, das gerade erst in die französische Sprache eingegangen war: «international».

Als ich eine Stunde später in Rorschach am Seeufer ankomme, lese ich dort einen Hinweis, der mich begeistert: *«Selbst bei klarem Wetter können Sie von hier aus das gegenüberliegende Ufer nicht sehen, da die Erdkrümmung die ersten zehn Meter oberhalb des Wasserspiegels verbirgt.»* Jeder See liefert also einen Beweis für die Kugelform des Planeten. Die wissenschaftliche Beobachtung bestätigt, was der Maler Ferdinand Hodler gesagt hat: *«Der See ist eine planetarische Landschaft.»*

Die Schweiz von Norden nach Süden

Der Blick des Wanderers

– Stendhal (1783–1842)

Meine Nord-Süd-Durchquerung der Schweiz beginne ich am Bahnhof von Porrentruy. Hier hält einmal pro Stunde ein Pendelzug, der zuvor durch zwei unter der Jurakette liegende Tunnel bis zu einer kleinen Raute am oberen Ende der Schweizer Landkarte gefahren ist. Auf dieser ersten Etappe werde ich einen sanften Hang hochwandern bis zu einem Bergkamm und von dort hinabsteigen zum Doubs bei Saint-Ursanne. Im Zug überlege ich, wie ich von diesen durchwanderten Orten erzählen könnte. Denn meine Leser wissen zu gut Bescheid, als dass ich die Naivität und Unvoreingenommenheit einer ersten Reise vortäuschen könnte. Ich kann in Echtzeit (komischer Ausdruck) erfahren, was sowohl hier als auch am Ende der Welt, in Patagonien oder Australien, geschieht. Was lässt sich da noch sagen über eine Wanderung durchs eigene Land?

Ich blättere in «Rot und Schwarz» von Stendhal, das ich mitgenommen habe, weil dieser Roman vom Doubs erzählt. Ganz am Ende entdecke ich eine Schlussnotiz, die mir bisher noch nie aufgefallen war:

«Um das Privatleben nicht anzutasten, hat der Autor eine kleine Stadt erfunden, Verrières, und als er einen Bischof, Geschworene, einen Gerichtshof brauchte, hat er das alles in Besançon angesiedelt, wo er nie gewesen ist.»

Ich hatte geglaubt, Stendhal habe nach der Natur gezeichnet, habe nicht geschummelt, und nun muss ich feststellen, dass er die Vorzüge der Fiktion genutzt hat, um eine Stadt zu beschreiben, der er alles angedichtet hat.

Beim Verlassen des Bahnhofsgebäudes erkenne ich in der Ferne das Schloss, seinen hohen runden Turm mit dem spitzen Hut. Es war einst die Residenz der Fürstbischöfe von Basel, die dem Heiligen Römischen Reich Deutscher Nation angegliedert waren. Später hat Frankreich Porrentruy annektiert und zur Hauptstadt des Département du Mont-Terrible gemacht. Von diesem vergangenen Ruhm ist ein ruhiges Städtchen übrig geblieben. In der Hauptstraße sind die Schaufenster *«zu verkaufen, zu vermieten, zu verpachten»*. Kaum Gäste vor den Cafés. Ein paar Brunnen, und schon hat man das Ende der Altstadt erreicht, deren Grenze die Bistumsgebäude bilden, die heute ein Gymnasium beherbergen. Auf einer Marmortafel steht: *«Hierselbst im Café de la Cigogne legten am 27. September 1947 fünfzig Bürger die Basis für die jurassische Separatistenbewegung, Gründerin der Republik und des Kantons Jura.»*

Nach dem unvermeidlichen Wohngebiet mit Einfamilienhäusern, beginnt das Land. Vom Waldrand aus laufe ich auf die mittlerweile umgebaute Scheune namens L'Oiselier zu. Dort hat in den Siebzigerjahren, als nach seiner Abtrennung vom Kanton Bern der Kanton Jura gegründet wurde, ein Polizist einen anderen getötet. Die Affäre um L'Oiselier wurde nie aufgeklärt.

Der Weg führt über eine unsichtbare Autobahn. Woher ich das weiß? Auf meiner Karte weist eine gestrichelte Linie auf einen Tunnel hin. Dann nehme ich in einem jungen Wald Anlauf für die Strecke hinauf zum Kamm, 400 Höhenmeter. Freier Blick nach Süden, Richtung Freiberge ein Hügel nach dem anderen.

Zwei Spaziergänger sitzen auf der Bank, die ich im Visier hatte. Sie machen mir Platz, sprechen mich an. Die Frau ist aus der Gegend. Er, Franzose, hat sich vor fünfzig Jahren mit ein paar Kühen in der Schweiz niedergelassen. Mittlerweile Rentner, erzählt er mir von seiner patriotischen Unschlüssigkeit: «Ich bin von dort, ich bin von hier. Kann man nicht von zwei Orten gleichzeitig sein?» Dagegen habe ich nichts einzuwenden.

Ich hatte die Aussicht auf den Doubs erwartet, aber der versteckt sich in einem so tief eingeschnittenen Tal, dass ich seinen Verlauf zwischen zwei Steilhängen nur vage erahnen kann. In «Rot und Schwarz» hatte ich folgende Beschreibung unterstrichen, von der ich nun weiß, dass sie nicht zwangsläufig eine naturgetreue ist:

«Der Pfad, dem er folgte, steigt inmitten dichter Buchenwälder allmählich an und schlängelt sich in endlosem Zickzack den Berghang hinauf, der im Norden das Tal des Doubs begrenzt. Bald konnte der Blick des Wanderers über die kleineren Anhöhen hinweg, die den Lauf des Doubs zum Süden hin einschließen, bis in die fruchtbaren Ebenen von Burgund und Beaujolais schweifen.»

An seiner Quelle in den Bergen der Franche-Comté beginnt der Doubs eine lange Reise von Westen nach Osten, macht einen kleinen Abstecher in die Schweiz, ändert seine Meinung, fließt wieder westwärts nach Besançon und Dole. Die Saône verschlingt ihn schließlich. Wenn die Bäume ihr Laub verloren haben werden, wird man von hier oben die vom Clos du Doubs gegrabene doppelte Furche erkennen. Auf dem Weg dorthin laufe ich 300 Meter steil bergab, zunächst bis zu einem auf halbem Hang gelegenen Dorf. Hier haben die von den Sommerurlaubern umgebauten jurassischen Bauernhäuser mit ihren sanft geneigten Satteldächern Rundgiebel wie in der Deutschschweiz. Dabei hatte man für den Erhalt der frankofonen Kultur gekämpft, aber auf den Bänken, die vor den Häusern in der Sonne stehen, wird die Sprache gesprochen, die wir damals die Sprache der Besatzer nannten. Noch eine weitere Stunde geht es steil bergab bis Saint-Ursanne am Ufer des Doubs.

Der im Winter schlummernde Ort quillt im Sommer von Touristen über, teils Motorradfahrer, teils Familien, Radfahrer, fröhliche Spaziergänger, die sich über die mit dem Stab des Fürstenbischofs verzierten Festungstore, die vielen Spitzdächer entlang der Straße und die Kirche auslassen. Deren Chorraum, Apsis und Krypta sind romanisch. Die Sarkophage an der Nordseite des gotischen Klosters stammen aus der Zeit des Ursicinus, eines Eremiten aus dem 7. Jahrhundert, Anhänger von Gallus und Columban.

Die Sommergäste auf den Caféterrassen kommen aus der Schweiz, werden aber von französischen Grenzgängern bedient, die jeden Abend nach Hause zurückfahren. Stellt man diesen Kellnern eine Frage, antworten sie zunächst mit dem «pas de souci» («kein Problem») aus ihrem Land.

Im Hôtel de la Demi-Lune ragt mein Zimmer ein Stück über das Flusswasser. So kann ich besser die vier Steinbögen am Ortseingang überwachen. Der Schutzpatron der Brücken, Johannes Nepomuk, wacht seinerseits über die Fluten.

Ich nehme meine Lektüre wieder auf, diesmal die «Mémoires d'un Touriste». Unter dem Datum 15. Mai 1837 stoße ich auf Stendhals Bemerkungen zur Saône. Er ergänzt sie durch einen Vergleich: *«Ihre Fluten erinnern mich an die wunderschöne Quelle des Doubs, den ich dort zwischen den Felsen entspringen sah.»* Auch ich erinnere mich an diese Quelle, die ein Becken speist, das groß genug ist, um darin zu baden. Das schäumende, zwischen zwei schwarzen Felsen hervorschießende Wasser hat nicht mal im Hochsommer eine Temperatur von über sechs Grad. Vor mir taucht eine Szene auf: wie mein Freund in Unterhose hineinspringt und eine Minute später unter dem Beifall der vielen Neugierigen wieder herauskommt. Ich nehme an, Stendhal hat nicht versucht, dort zu baden. Statt Besançon hat er also tatsächlich den Doubs gesehen, und man darf annehmen, dass er ihn naturgetreu beschrieben hat.

*

Am nächsten Tag bleibe ich auf flacher Strecke, laufe den Doubs entlang, über 15 Kilometer stromaufwärts. Mitten im Sommer, um halb neun Uhr morgens, durchdringt die Sonne nur mühsam den dichten Nebel, der durch das Tal kriecht. Weiter oben erahnt man blauen Himmel. «So ist es immer», teilt mir die Hotelbesitzerin mit, «wenn Sie Glück haben, lichtet sich der Nebel gegen elf.»

Ich werde also am linken Ufer entlanglaufen, direkt am Wasser, und dort ein paar Mountainbikern begegnen. Da das Tal auf beiden Seiten von bewaldeten Steilhängen eingeschlossen ist, führt die Straße am rechten Ufer nicht weiter. Bald ist man inmitten unberührter, feuchter, schattiger Natur. Oben in den Kreidefelsen sehe ich Raubvögel, deren Flügelform ich nicht zuordnen kann. Wanderfalke? Rotmilan? Schlaflose weiße Eule? Auf jeden Fall nicht Auerhuhn. Von Zeit zu Zeit trägt ein Schlauchboot ein grölendes Urlauberduo vorbei. Libellen fliegen dicht über dem klaren Wasser, die Strömung kämmt die Algen, harkt den Kies. Langsam löst der Nebel sich auf.

Und immer noch zu beiden Seiten die senkrecht aufragenden karstigen Felsen. Wie eine von Courbet gemalte Landschaft. Er liebte die Loue, die hinter seinem Dorf Ornans in den Doubs fließt. Auch sie hat sich zwischen solchen hellen Felsen ihr Bett gegraben.

6 Kilometer hinter Saint-Ursanne hätte ich bei einer Fährstation Gelegenheit, einen Kaffee zu trinken. Ich laufe weiter am linken Ufer entlang bis Kilometer 10. Der steile Berg rückt dicht ans Wasser heran und lässt dem Pfad keinen Platz mehr. Ein Steg zwingt mich, zum rechten Ufer überzuwechseln, in den Wald hoch- und wieder hinunterzulaufen.

Schließlich erreiche ich die Stelle, an der eine Serpentinenstraße aus Frankreich auftaucht, den Doubs überquert und zum Hochplateau der Freiberge in der Schweiz aufsteigt. Nahe der Brücke teilen sich zwei Restaurants die Kundschaft. Jedes hat Forelle blau im Angebot. Ich wähle das Lokal, das noch in der Sonne liegt. Auf meinem Teller, in meinem Glas, auf der Tischdecke tanzen die Lichtreflexe des Flusses. Während ich auf mein Abendessen warte, koste ich einige Tropfen eines Stendhal, der für mich den Nimbus des Berichterstatters zurückgewonnen hat. In «Rot und Schwarz» trauert Julien Sorel Vergangenem nach:

«Wie oft stand ich da, die Brust gegen diese großen Steinblöcke von schönem, leicht bläulichen Grau gelehnt, in Gedanken noch bei den Pariser Bällen, die ich tags zuvor verlassen hatte, und ließ meine Blicke hinunter ins Tal des Doubs schweifen! Jenseits, am linken Ufer, schlängeln sich fünf oder sechs Täler, in denen das Auge ganz deutlich kleine Bäche erkennt. Nachdem sie von Wasserfall zu Wasserfall geeilt sind, stürzen sie sich in den Doubs.»

Große blaue Tannen und helles Licht

– Werner Renfer (1898–1936)

Aus dem Doubstal werde ich wieder bergauf wandern müssen bis zur 600 Meter höher gelegenen Hochebene der Freiberge. Ich habe vor, in Saignelégier Rast zu machen, bevor ich weiterlaufe bis Saint-Imier, in das Dorf, in dem acht Jahre nach dem Tod des Schriftstellers meine Kindheit begann.

Werner Renfer, Sohn jurassischer Bauern, veröffentlicht mit zweiundzwanzig Jahren seine ersten Texte, bricht sein Studium der Agronomie an der ETH Zürich ab, geht nach Paris, nagt dort am Hungertuch, schreibt weiter Gedichte, kehrt zurück nach Saint-Imier und bekommt dort eine Stelle als Journalist. Neben seiner Arbeit als einziger Redakteur der lokalen Tageszeitung steuert er der Ausgabe allabendlich eine persönliche Kolumne bei, so lange, bis er mit achtunddreißig Jahren an Erschöpfung stirbt. Lange Zeit sind seine Werke nicht veröffentlicht worden, außer «Hannebarde», die Geschichte eines armen Glöckners, der sich in ein junges Mädchen verliebt, das für seine Glocken schwärmt.

Uns Schülern von Saint-Imier stellte man Renfer als Beispiel hin. Es hieß, er sei der einzige jurassische Dichter unseres Jahrhunderts und werde eines Tages in den Dörfern seine Straße, seinen Platz oder seine Allee bekommen. Man erzählte uns von seinem Buch «La Beauté du monde», in dem er die Liebe zu einer Frau und zu unserem kleinen Tal besingt. Folgendes Zitat habe ich noch in Erinnerung: *«Kann man in sich selbst hinabsteigen? Ich hatte immer Lust, aufzusteigen.»* Mir gefiel, dass er eher weltoffen war als introvertiert. Deshalb habe ich «Le dialogue ininterrompu» mitgenommen, eine Sammlung von Kolumnen, die er in «Le Jura bernois» veröffentlicht hat, der Tageszeitung, mit der ich lesen gelernt habe.

Bevor der Aufstieg beginnt, wandere ich stromaufwärts am rechten Ufer des Doubs entlang, der zusehends ungestümer wird. So ungestüm, dass das Wasser gegen die Hänge prallt und man überall dort, wo für einen Weg kein Platz mehr bleibt, in den Wald hochlaufen und dort, wo das Ufer erneut begehbar wird, wieder hinunterlaufen muss. Alles Wasser der Freiberge sickert in den Boden, um den Doubs zu speisen. Das Hochplateau sitzt auf dem Trockenen, weshalb die Freiberger den Abstieg ins Tal gewohnt waren, wo sie am Wasserlauf Mühlen und Sägewerke errichteten. Davon zeugen noch einige Ruinen und ein paar Namen. Bei Moulin Jeannottat beginnt der Anstieg Richtung Saignelégier. Für die Erstürmung eines dunklen, steilen Waldes bis zum Dorf Les Pommerats brauche ich drei Stunden.

Je höher man kommt, umso mehr ist von der gegenüberliegenden Bergflanke zu sehen und umso weiter erstreckt sich der Blick über eine Kette bläulicher Hügel, der französische Jura, das Plateau de Maîche, und das Azurblau dahinter, bis man nicht mehr weiß, wo der Horizont Himmel und Erde trennt.

Nach Les Pommerats flacht der Hang ab. Die von Basler Urlaubern renovierten Bauernhäuser, geräumig, aber derzeit unbewohnt, bilden einen Kontrast zu den in der Landschaft verstreuten schmalen Häuschen der Einheimischen mit ihren Doppelgaragen und ihrem zu spitzen Dach.

Saignelégier, der Hauptort des Bezirks Freiberge, ist wegen seines alljährlich am zweiten Sonntag im August stattfindenden Marché-Concours, einer Schau mit Pferdewettrennen und Pferdemarkt, bis in den hintersten Winkel der Schweiz bekannt. Die Tradition stammt aus einer Zeit, da alle Tiere noch in Freiheit grasten, von Weide zu Weide, ohne einen einzigen Zaun dazwischen und vor allem nicht entlang der Straße. Um einiges früher noch wurden diese Berge frei genannt, weil der Bischof 1384, um die Region zu bevölkern, erklärt hatte, dass *«alle Zuwanderer und ihre Nachfahren für immer von Steuern und von der Entrichtung des Zehnten auf ihre Ländereien befreit sein sollten»*. Die Ewigkeit sollte allerdings kürzer ausfallen als vorgesehen.

Neben dem großen Holzbau, in dem der Pferdemarkt stattfindet, beherbergt ein niedriges, von einem Satteldach erdrücktes Bauernhaus das Café du Soleil. Dort haben sich einst die Gegner des Waffenplatzes versammelt, junge Unruhestifter, heute abgelöst durch brave deutschschweizerische Wanderer, Ökofreaks aus der Stadt oder Nostalgiker der einstigen Konfrontationen. Mein Zimmer liegt auf der Terrassenseite. Bis spät in der Nacht schallen weinselige Diskussionen herauf.

*

Aufbruch im Morgengrauen, um nicht wie Renfer bedauern zu müssen, *«dass ich so oft den Tag kommen ließ, ohne ihn zu begrüßen»*. Auf dem Hochplateau der Freiberge reiht sich in 1000 Metern Höhe Weide an Weide. Der Boden ist weich wie ein afghanischer Teppich und mit riesigen Tannen bestanden. Von Zeit zu Zeit eine Trockenmauer aus perfekt ineinander verzahnten, in der letzten Reihe aufrecht gestellten Steinen, eine lange weißliche Schlange im kurzen Gras. Oder eine Reihe von Telefonmasten, die die weit auseinander liegenden Bauernhäuser miteinander verbinden. Kindheitsspiele: Zum Spaß klopften wir mit einem Stock auf einen der Masten, während fünf Masten weiter ein Spielkamerad sein Ohr ans Holz hielt, um die Nachricht zu empfangen.

Die aneinandergereihten Trichter, hier «emposieux» genannt, markieren den Lauf eines unterirdischen Flusses. Einige sind verstopft und mit Gras überwachsen, andere bilden eine Kuhle über Höhlen oder verborgenen Wasseradern. Letztere hat man umzäunt, damit das Vieh nicht hineinstürzt. Zu meiner Zeit – denn ich bin ein Mann des letzten Jahrhunderts – nutzte man sie als Deponien, in denen die Kadaver kranker Kühe oder verunglückter Pferde vermoderten. Mit todsicher widerlichem Gestank.

Bei jeder Neigung des Geländes taucht das Weiß des Kalksteins auf, dann versteckt es sich wieder unter ein paar Zentimetern Humus. Der Name der Weiler erinnert daran, dass die ganze Gegend mit Wäldern überzogen war, die durch Brandrodung vernichtet wurden: Les Breuleux – Brandisholz, Le Noirmont – Schwarzenberg oder Les Rouges-Terres, das auf die rote Erde hinweist.

Ab Saignelégier zunächst etwa 12 Kilometer flaches Weideland, bevor es einen Jurahang hinaufgeht. Hier haben die tektonischen Wellen ein vorletztes Mal die Landschaft angehoben. Ich steuere auf den Waldrand zu, an dem eine Fotovoltaikanlage steht. Die Aussicht reicht bis zur letzten Jurafalte, dem eigentlichen Gebirgskamm, von dem mich das Tal von Saint-Imier trennt.

Man muss bis zu einer Schneise im Wald laufen, um 400 Meter tiefer das Tal zu erblicken, das einst ruhmreiche Tage als Zentrum der Uhrmacherei erlebt hat. Seine Bewohner nennen es einfach «le Vallon».

Da ich die ersten vierzehn Jahre meines Lebens in Saint-Imier verbracht habe, könnte ich darüber ein ganzes Buch schreiben, könnte über die Anarchisten sprechen, die dort 1875 einen Kongress abhielten. Bakunin und Malatesta haben hier flammende Reden gehalten. Ich könnte erzählen, wie in diesem Tal die großen Uhrenmarken entstanden sind, Heuer, Longines, Breitling. Oder von der Mühle, wo der Erfinder des Aperitifs mit dem Flussnamen, Suze, gewohnt hat.

Die Bergflanke, an der entlang ich ins Tal wandere, heißt Montagne du Droit. Ihr gegenüber liegt die Montagne de l'Envers. Schließlich erreiche ich den Marktplatz mit seinem Brunnen, seinen Büsten und seinen zweimal jährlich stattfindenden großen Jahrmärkten. An diesen Tagen hatten die Kinder schulfrei. Zudem ein Parkplatz, ein paar schief hängende Ladenschilder, gebeutelt von den Krisen der Uhrenindustrie, die ein ausgeblutetes Dorf hinterlassen haben.

Ich finde kein Hotel, nur eine Pension, in der ich die Nacht verbringen will, um meine Kindheitserinnerungen aufzufrischen.

Ich lese noch einmal Renfer: «*Im Herzen jedes Talbewohners (...) große blaue Tannen und helles Licht.*» Und der, der sagte, man müsse die Bäume reden lassen, erzählt weiter unten von

«(…) einem Gewitter, das plötzlich über dem Tal losbricht und in das gemähte Heu fährt. (…) dem Geheimnis unserer Wälder und dem dumpfen Raunen des Lebens, das im Sommer in das dichte Laub aufsteigt. Unsere Himmel haben Farbtöne, die schmelzen, brennen oder verzweifeln lassen. Unsere Dörfer haben ihre typischen Gerüche, und oft schwingt die Aussicht auf rote Dächer oder jene auf gelbe und weiße Fassaden mit geradezu menschlichem Beben in unseren Ängsten oder unseren Freuden hin und her.»

Ich begnüge mich damit, im Kopf zu schreiben

–Agota Kristof (1935–2011)

Um von Saint-Imier zum Neuenburgersee zu gelangen, laufe ich durch das Tal bis zum nächsten Dorf. In meinem Rucksack liegt ein von Agota Kristof signiertes Buch. Ich war oft bei ihr in Neuenburg. Sie verbrachte ihre Abende bei ihrem unverzichtbaren Whisky, schaltete lieber den Fernseher ein, als zu schreiben. «Ist das schlimm?», fragte sie mich. Sie hatte Ungarn 1956 nach dem gescheiterten Aufstand verlassen. Keine Lust zurückzukehren, keine Lust hier zu sein. Eine ewig Entwurzelte: «Die witzigste all meiner Lügen war, als ich gesagt habe, wie gern ich mein Land wiedersehen würde.» Ihre Romantrilogie, die mit «Das große Heft» beginnt, war in so viele Sprachen übersetzt worden, dass Agota fortan davon leben konnte. Sie war damals von allen Westschweizer Schriftstellern ihrer Generation die einzige in dieser Lage.

Ich nehme «Gestern» mit, darin geht es um die Region, durch die ich wandern werde. Und auch meine Erinnerung an sie nehme ich mit. Ich brauche nur einige Zeilen zu lesen, um den Klang ihrer Stimme wiederzuerkennen. In «Gestern» höre ich Agotas melodischen ausländischen Akzent, die Kurzatmigkeit der Raucherin, die ihr keine langen Sätze erlaubte. Mir ist sogar, als zöge sie mich bei jedem Absatz am Ärmel und bäte mich, eine Pause zu machen: «Du läufst zu schnell für mich.»

Ich hatte sie zu einer Lesung anlässlich eines Treffens

ihrer ungarischen Landsleute begleitet. Die Fragen aus dem Publikum beantwortete sie nur mit Ja oder Nein, was ihre Bewunderer enttäuschte. Am Ende sagte sie trocken: «Ich habe alles geschrieben, ich werde mich nicht wiederholen.»

Bevor ich das Tal über die schattige Flanke des Montagne de l'Envers wieder verlasse, drehe ich mich um und bewundere in der Ferne die geraden Straßenverläufe von Saint-Imier. Nach einem Brand wurde das Dorf in Hanglage wie eine amerikanische Stadt im Schachbrettmuster neu aufgebaut. Die längs zum Hang laufenden Straßen kreuzen im rechten Winkel solche, die steiler sind als die Rutschbahnen von San Francisco. Von oben schaue ich auf den Friedhof des Nachbardorfes Renan, auf dem die Gräber, ebenfalls schachbrettartig angeordnet, die Häuser der Lebenden als verkleinerte Modelle nachbilden.

Um die letzte Jurakette zu überwinden, muss man bis dorthin laufen, wo sie auf 1200 Meter absinkt, 400 Meter unter ihren höchsten Punkt. Der Ort heißt Pertuis wie auch andere Juraorte entlang der Römerstraßen. Bevor ich diesen felsigen Engpass durchquere, mache ich Rast am Bauernhof Bec à l'Oiseau, wo ich mich nicht erinnern kann, jemals viele Gäste angetroffen zu haben. Es dauert seine Zeit, bis ein Kaffee aufgewärmt ist. Der Pertuis-Pass wurde im Zweiten Weltkrieg von Soldaten ausgebaut, die ihre Bunker als Hütten getarnt und Löcher gegraben haben, um den Übergang zu verminen.

Der aus Meeresablagerungen bestehende weiche Kalkstein ist hundert Millionen Jahre alt, die Faltungen, die ihn verformt haben, dagegen nur zehn Millionen. Die Geologen sprechen von einem jungen Gebirge. Die von der Vegetation angeknabberte Straße ihrerseits ist erst seit einigen Jahrzehnten asphaltiert. Am Ende eines unbefestigten Forstwegs öffnet sich der Blick auf das Val-de-Ruz. Mehrere Dörfer und Weiler liegen auf diesem 13 Kilometer langen und 5 Kilometer breiten Plateau verstreut. In der Blütezeit der Berglandwirtschaft war es der Kornspeicher von Neuenburg.

Ich erreiche Fontainemelon, wo Agota in der Fabrik gearbeitet hat. Der Ich-Erzähler in «Gestern» ist ein Mann, der das Leben der Schriftstellerin schildert. Nach ihrem Eintreffen in der Schweiz hat sie sich ihren Lebensunterhalt zunächst in einer Uhrenfabrik verdient. Die Häuser scharen sich hier nicht um eine Kirche oder eine Schule, sondern um ein langes, weißes, zweistöckiges Gebäude mit großen Fenstern, an denen die Arbeiterinnen sich Seite an Seite über winzige Teile beugen. Agota erzählt:

«Um fünf Uhr morgens aufstehen, aus dem Haus gehen, die Straße entlanglaufen, um den Bus zu erreichen, vierzig Minuten Fahrt und dann, im vierten Dorf, zwischen den Mauern der Fabrik ankommen. Schnell den grauen Kittel anziehen, im Gedränge die Karte in die Stechuhr schieben, zur Maschine eilen, sie in Gang setzen, so schnell wie möglich das Loch stanzen, immer das gleiche Loch in das gleiche Werkstück stanzen, stanzen, möglichst zehntausendmal am Tag, weil von diesem Tempo unser Lohn, unser Leben abhängt.»

*

Von Chézard-Saint-Martin bis Neuenburg sind es noch etwa 11 Kilometer. Zuerst eine ebene Strecke, um das Plateau zu überqueren, dann ein leichter Anstieg, bevor es Richtung Stadt wieder bergab geht. Mehr als drei Stunden plane ich dafür nicht ein, freue mich auf eine Pause in Engollon, einem Weiler im Val-de-Ruz, der durch die Entdeckung von Fresken berühmt wurde. Von einer Tränke zur nächsten, von einem Brunnen mit drei Becken zum nächsten ist es ein schöner Spaziergang über eine Hochebene, die man in alle Richtungen überqueren kann. Ich erlaube mir ein paar Umwege, schlendere durch die endlose Weite der Felder. Mein Anhaltspunkt in der Ferne: der rotweiße Turm der 100 Meter hohen Sendeanlage. Er ist von überall aus zu sehen, sogar von den Alpen.

Die aus dem 14. Jahrhundert stammenden Fresken in der kleinen Kirche von Engollon wurden 1923 entdeckt. Ich stoße auf eine unverschlossene Tür, auf ein paar Erklärungen, auf Postkarten gegen freiwillige Bezahlung. Und auf die Fresken: sechzehn Szenen aus dem Leben Jesu und seiner Mutter, ein naives Meisterwerk. Weiter geht es über die Hochebene in Richtung Vilars, nachdem ich einen Bach überquert habe, der weiter unten als reißender Fluss eindrucksvolle Schluchten graben wird.

Den letzten bewaldeten Buckel erklimmt man seitlich, läuft bis Les Trois Bornes. Von dort geht es abwärts nach Neuenburg, erst durch den Wald, bis sich schlagartig die Sicht weitet. Kein einziges Hindernis mehr, der See im vollen Rampenlicht, prachtvolles Alpenpanorama.

In dieser Westschweizer Gegend stand das Wohnhaus des Berners Friedrich Dürrenmatt, das heute ein wuchtiger Ausstellungs- und Konzertsaal flankiert. Ich lasse mir Zeit beim Bewundern der Aussicht, von der er sagte, er genieße sie jeden Morgen, bevor er im Theatercafé sein

Glas Weißwein trinke. Auf dem Weg hinunter zum See entdecke ich das Viertel, in dem Agota wohnte. Weiter unten in «Gestern» schreibt sie über das weiße Blatt:

«Meistens gebe ich mich damit zufrieden, im Kopf zu schreiben. Das ist einfacher. Im Kopf läuft alles reibungslos ab. Aber sobald man schreibt, verwandeln sich die Gedanken, verformen sich, und alles wird falsch. Das liegt an den Wörtern.»

Ein kleines Land, aber eine große Nation

– Gonzague de Reynold (1880–1970)

Der Neuenburgersee, der größte der ausschließlich auf Landesterritorium liegenden Schweizer Seen, hat André Gide ergriffen. Über die Stadt mit ihren in Stufen übereinander gebauten Häusern aus heller, ockerfarbener Molasse, schreibt er, sie sei in Butter geschnitzt. Anlässlich der letzten Landesausstellung wurden am Seeufer zahlreiche Promenaden und Grünflächen angelegt. Vor dem großen Postgebäude, geschmückt mit den fernen Namen, zu denen Briefe und Pakete aufbrachen, liegen die Ausflugsdampfer am Pier.

Über 8 Kilometer setzt sich meine Nord-Süd-Durchquerung der Schweiz auf dem Wasser fort. Zum anderen Ufer gelange ich auf einem Schiff, das um die hundert ältere Ausflügler über den See bringt. Die Überfahrt dauert zwanzig Minuten, Zeit genug, um die sich entfernende Stadt am Hang in allen Einzelheiten zu betrachten und in Fahrtrichtung das lange weiße Band des Alpenpanoramas.

Der kürzeste Weg vom Neuenburgersee zum Murtensee wäre der entlang des Kanals, der beide verbindet, seitdem die Trockenlegung der Sümpfe Ende des 19. Jahrhunderts die Umrisse dieser Seen sowie des Bielersees neu gezeichnet hat. Lange waren die Ingenieure stolz auf ihre Leistung, nicht ahnend, dass dadurch große Mengen schädlicher Gase in die Atmosphäre entwichen waren.

Die andere, interessantere Verbindung zwischen den Seen ist ein sanft ansteigender Pfad bis zu einem Punkt, von dem aus man auf alle drei Gewässer blickt. Er liegt auf dem Mont Vully. Zunächst aber laufe ich am Neuenburgersee entlang. Ein gerader Weg im Schatten eines Waldes, der auf dem Gelände der zuvor trockengelegten Sümpfe angepflanzt wurde. Dabei hat man es etwas übertrieben, weshalb Tafeln die derzeitigen Bauarbeiten in diesem Schutzgebiet für Amphibien und Zugvögel erläutern. Ein Bach soll renaturiert werden. «*Es wird eine kleine Wasserfläche geschaffen, damit das Wasser sich auf natürlicherem Weg ausbreiten kann.*» Das Naturschutzgebiet erstreckt sich über 40 Kilometer entlang des Südufers. Ein Dokumentationszentrum bietet alles Nötige zur Aufklärung von Schülern und alten Leuten: Fauna, Flora und Geologie.

Am Kanal angekommen, über den die Schiffe vom Neuenburger- zum Murtensee fahren, laufe ich am Ufer entlang und grüße ein paar Angler. Als der Kanal nach Osten abbiegt, entfernt sich der Weg vom Ufer und steigt den Vully hinauf, einen aus dem Flachland ragenden großen Buckel. Vor den Römern hatten sich dort die Helvetier niedergelassen, ihre Befestigungsanlagen aus Trockensteinblöcken wurden wiedergefunden, rekonstruiert, erklärt. Heute kann man oben auf einem nachgebildeten Turm Wache stehen und sich ausmalen, wie in der Ferne Cäsars Legionen, in eine Staubwolke gehüllt, herannahen. Während des Ersten Weltkrieges hat die Schweizer Armee an dieser Stelle Betonbunker und Schützengräben angelegt, die noch heute zu sehen sind. Ein Findling, einer von denen, die der Gletscher vom Granitmassiv gelöst und bis hierher transportiert hat, trägt eine Plakette zu Ehren des Vaters der Gletscherkunde, Jean-Louis Rodolphe Agassiz (1807–1873).

Auf dem Gipfel des Vully, 653 Meter über dem Meeresspiegel und 224 Meter über dem der drei Seen, dient eine Freifläche zum Parken und Picknicken. Klapptisch, Klappstühle, Tischdecke, Thermoskanne, Kühlbox werden aus dem Kofferraum geholt. Während man seinen Wurstsalat kaut, grüßt man den vom kurzen Aufstieg verschwitzten Wanderer. Hier oben bietet sich ein Blick auf die drei Komponenten der Schweizer Landschaften: Jura, Seen, Alpen. Im Marmor einer Orientierungstafel sind die Namen der Berge in mehreren Sprachen eingraviert, denn um über Schweizer Landschaften zu sprechen, braucht man mindestens Französisch, Deutsch und Italienisch. So heißt der Cervin auch Matterhorn und Cervino.

Beim steilen Abstieg kann man mithilfe eines im Wald aufgelesenen Stocks seine Knie schonen. Weiter unten geht es durch Weingärten. Südhang und Wasserreflexe bescheren den Trauben eine Extraportion Sonne. Zu ihrem Schutz haben die Winzer Lautsprecher aufgestellt, aus denen alle möglichen Vogelrufe schallen. Die Täuschung ist perfekt, es dauert eine Weile, bis ich entdecke, woher sie kommen. Am Seeufer ein paar luxuriöse Häuser, ein paar Weinkeller, ein oder zwei Restaurants, die lokalen Fisch und Wein anbieten.

Die rechteckige Form des Murtensees lässt den künstlichen Eingriff erkennen. Am geraden Ostufer verlaufen eine Eisenbahnlinie, eine Straße und ein Pfad, den mehrere Pappelreihen säumen. Die Bäume wurden in einer Zeit gepflanzt, als sie zur Herstellung von Gemüsekästen und Streichhölzern dienten. Zwischen den kerzengeraden Stämmen wandere ich bis zur nächsten Ecke des Sees, an der das Südufer beginnt. Noch 3 Kilometer bis nach Murten. Aber erst kommt noch der Strand, an dem Archäologen das älteste Dorf Europas entdeckt haben sollen. Angeblich wurde es vor sechstausend Jahren errichtet.

Vor lauter historischen Betrachtungen könnte ich glatt das mitgenommene Buch vergessen. Ich hätte es schon oben auf dem Vully aufschlagen sollen, doch da wollte ich lieber die Landschaft bewundern. Heute Abend in Murten, vor dem Einschlafen, werde ich versuchen es zu lesen, versprochen. Es stand in meinem Bücherregal: «Défense et Illustration de l'Esprit suisse» von Gonzague de Reynold. Ich dachte, ich gebe ihm eine letzte Chance, erlaube ihm den Versuch, mich von einem zu Unrecht in Vergessenheit geratenen Autor zu überzeugen ...

Hier in der Gegend sind die Kantonsgrenzen verworren. Die Verteilung der Enklaven hat dazu geführt, dass ein Haus halb im Kanton Waadt und halb im Kanton Freiburg steht und ein Weg, der als Berner beginnt, als Freiburger endet. So stand zum Beispiel das Domizil des Schriftstellers Gonzague de Reynolds oberhalb von Murten zufällig auf katholischem, westschweizerischem und Freiburger Boden. Ein paar Kilometer weiter wäre dieser protestantisch, bernerisch und deutschsprachig oder waadtländisch und französischsprachig gewesen. Aber unser Landadeliger, stolz auf seine Herkunft, betrachtete es als göttliches Zeichen. Er war auf Erden, um Katholizismus und Autorität zu verteidigen. Deshalb bewunderte er Diktatoren wie Salazar in Portugal, Mussolini in Italien. Über Hitlers «Mein Kampf» hat er geschrieben: *«Aus diesen achthundert Seiten spricht Genie. Man spürt darin einen Mann, und dieser Mann ist trotz seiner Vorurteile und seiner mangelhaften Bildung sympathisch.»*

Von den eigenen aristokratischen Verdiensten überzeugt, überredete Gonzague de Reynold die Universität von Freiburg, an der er gelehrt hatte, ihn als Kandidaten für den Literaturnobelpreis vorzuschlagen. Pech gehabt, im selben Jahr erhielt ihn Albert Camus. Heute liest kein Mensch mehr die Prosa jenes Mannes, der Ende des Zweiten Weltkrieges noch als einer der größten Westschweizer Schriftsteller galt.

Ich beende die Etappe in der von einer Festungsmauer umschlossenen Altstadt von Murten. 1910 sollte die Mauer abgerissen werden. Da aber das Geld dafür fehlte, musste sie stehen bleiben. Die Tourismusinformation dankt. Der Strand kehrt den Türmen des vom Grafen von Savoyen erbauten Schlosses den Rücken. Die Schüler in ihren Badeanzügen haben alle einmal gelernt, dass Murten zuerst der Name einer Schlacht war, bei der Schweizer Bauern Karl den Kühnen und seine Kavallerie in die Flucht geschlagen haben. Unser Geschichtslehrer wollte uns weismachen, die Rotalgen am Grund des Sees seien das Blut der Burgunder, die von unseren tapferen Ahnen niedergemetzelt worden waren. Eine Geschichte, wie Gonzague de Reynold sie bestimmt geliebt hat.

Das erste Kapitel seines Buchs ist überschrieben mit «*Das Genie der Schweiz*». Es beginnt mit einer fragwürdigen Feststellung: «*Auf der Landkarte ist die Schweiz ein kleines Land. In ihrer Komplexität ist sie eine kleine Welt. Durch ihr Genie, durch die Zivilisationsform, die sie hervorgebracht hat, ist sie eine große Nation.*» Nach einer langen Beschreibung all dessen, was ihm in der Schweiz missfällt, vor allem die Demokratie, schließt der Autor: *«Die schlimmste Tyrannei ist jene der Zahl, denn sie ist anonym und unbeständig: Sie vermag nur zu zerstören. Daher die unverschämte Frage: Ist unsere aktuelle Demokratie noch ein freiheitliches Regime?»* Verfassungsdatum des Textes: *«Cressier-sur-Morat, 22. November 1939»*. Der Krieg hat also begonnen, Seine Durchlaucht Herr Gonzague wählt sein Lager, das der Diktatur. Tatsächlich verhieß schon die braune Farbe des Buchumschlags nichts Gutes. Und was den geschwollenen Stil betrifft, erkenne ich darin nichts von dem, was die Kraft eines Werner Renfer, einer Agota Kristof oder eines Charles-Ferdinand Ramuz ausmacht. Adieu, Euer Gnaden.

*

Am nächsten Morgen mache ich einen Bogen um das Schloss jenes Staatsbürgers, der von den Dorfbewohnern verlangte, mit «Herr Baron» begrüßt zu werden. Mein Ziel ist Laupen im Kanton Bern. Ich komme an einer noblen Schule vorbei, an der ein paar Schülerinnen sich per Handy darüber austauschen, wo es das beste Eis gibt. Eine andere sagt: «Ich lege mich heute Nachmittag auf mein Strandtuch.» Glückliche, sorglose Jugend, friedliches Leben.

Da der Pfad ansteigt, wurden am Hang Eisenbahnschwellen aus Eichenholz angebracht, eine luxuriöse Ausstattung. Die Freiburger Bauernhäuser sind hier prächtige Erscheinungen, jedes Fenster hat seine Geranien. Gemüse und Blumen kann man nach Belieben erstehen. Man braucht nur den entsprechenden Betrag in einen

Pappkarton zu legen. Zeichen eines sehr helvetischen Vertrauens.

12 Kilometer hinter Murten führt eine Brücke über die Sarine, deutsch Saane, welche die Schweiz in zwei Hälften teilt. Die Überquerung der Saane bedeutet für einen Westschweizer, dass er die teutonische Wüste betritt. Ich laufe am Fluss entlang bis nach Laupen. In dieser Gegend haben die Berner Patrizier sich gegen Napoleons Truppen verteidigt. Hier fällt mir ein Herr ein, der uns einmal ermahnte, auf Autofahrten entlang des Monuments zum Gedenken an jene Niederlage unsere Schülermützen abzunehmen. In Laupen überragt ein wuchtiges Schloss den Zusammenfluss von Saane und Sense.

Bern, chinesische Stadt

– Victor Hugo (1802–1885)

Auf Französisch heißt Laupen Loyes, am Kopfbahnhof aber liest man diesen Namen nicht mehr. Inzwischen wird alles auf Deutsch oder Schweizerdeutsch angezeigt, wie das «Guafför Hüsli», das Häuschen des Frisörs, vor dem große, runde Pflastersteine an eine Zeit erinnern, als man noch zum Schloss hinaufgeritten ist. Der Tag beginnt entlang der Saane, auf einem Felsen liegt eine Badende in der Sonne, die Zehen im Wasser trotz der auch auf Englisch angebrachten Warnung vor plötzlichen Überschwemmungen.

Andere junge Frauen trainieren ihre Beinmuskulatur auf vorbeirasenden E-Bikes. Entlang des Waldes hält das Flussufer der Sense einen Vitaparcours mit Stangen und Ringen bereit, an die man sich, so wird geraten, zehn Mal hängen und dann eine Verschnaufpause einlegen soll. Ein Stück weiter hat der Fluss einige Mäander gezeichnet und helle Sandbänke in Schattenlagen verschoben. Bebilderte Tafeln erklären die Fauna bis in die kleinste Libelle. Auch über das Alter der Steine und ihren Reiseweg informieren sie.

Am rechten wie am linken Ufer haben sich die Dörfer ausgedehnt. Als ich unter der Autobahnbrücke hindurchgehe, dröhnt es über mir so laut, dass ich das Rauschen des Flusses nicht mehr höre. Nachdem ich ihn über 10 Kilometer stromaufwärts entlanggewandert bin, wird es Zeit, ihn zu verlassen und in ein Seitental abzubiegen.

Am Ende einer feuchten Schlucht bleibe ich vor einem von den Tieren verlassenen Bauernhof stehen, um meine Feldflasche mit Brunnenwasser zu füllen. Ein über den Motor seines Autos gebeugter Mann ruft mir zu, ich solle es nicht trinken, er habe da etwas anderes für mich. Er ruft nach seiner Tochter, die irgendwo im Haus ist, schickt sie nach einem Bier und bietet es mir an, glücklich über den Besuch. Er ist Marokkaner, Tramfahrer in Bern, seine Frau unterrichtet Musik in einer anderen Stadt, er ist von redseliger, sympathischer Gastfreundlichkeit, sein Bier alkoholfrei. Er erzählt mir, welche Pläne er für seine vierzehnjährige Tochter hat: Sie wird studieren und später an der Universität unterrichten, weil Wissen die Völker versöhnen soll. Bedauernd lässt er mich weiterziehen, nachdem er mir angeboten hat, mich mit dem Auto nach Bern zu fahren. Warum Zeit mit Gehen verlieren, fragt er.

Der Aufstieg über einen stark eingezwängten Pfad endet auf einer Hochebene, auf der eine zerzauste Reiterin auf ihrem Pferd vorbeigaloppiert. Bauernhäuser stehen in großem Abstand voneinander und schützen sich mit prachtvollen Ziegeldächern. Obstplantagen mit Apfel- und Kirschbäumen, Gemüsegärten mit schnurgeraden Beeten. Ein zwischen zwei Fenstern hängendes großes, weißes Laken begrüßt ein Neugeborenes, als könnte es schon lesen: *«Willkommen, Markus»*. Ein alter Brauch besagt, das Laken sei die Windel, in der der Storch das Kind zum Bauernhof gebracht hat. Manchmal hat er dem Namen des Kleinen sogar noch das Lieferdatum angefügt.

Nachdem ich einen letzten, aus vier Bauernhäusern bestehenden Weiler durchquert habe, kündigen ein gepflegter Wald, eine alle 100 Meter aufgestellte Bank und

Abfallbehälter die Stadt Bern an. Zum ersten Mal auf meiner Schweizer Nord-Süd-Durchquerung gerate ich in die Randzone einer Großstadt. Sie kommt mir endlos vor. Mit meiner zu weiten Hose, meinem flatternden Hemd, meinen schmutzigen Schuhen fühle ich mich hier fehl am Platz. Ich habe das Gefühl, von zu gut gekleideten Passanten schief angeguckt zu werden. Der Mischverkehr stört mich, auch die Fußgängerampeln. Ich verstehe nicht, warum die Leute sich mit so vielen Tüten und Taschen beladen, warum sie nicht alles in einem Rucksack tragen. Statt Tram oder Bus zu nehmen, laufe ich von einem Viertel zum nächsten bis zu meinem Hotel. Ich bedaure, ein Zimmer in der Stadtmitte gebucht zu haben, vielleicht ist es laut.

Während ich auf dem Land normalerweise früh ins Bett gehe, reizt mich in der Stadt die Nacht. In Bern setze ich mich mit einem hübschen Büchlein, das ich mir soeben in der französischen Abteilung einer vierstöckigen Buchhandlung besorgt habe, im Café des Pyrénées, dem «Pyri», zu Tisch. Lange habe ich nach der Passage gesucht, an die ich mich erinnerte, einen Brief von Victor Hugo an seine geliebte Adèle, in dem er Bern in der Abenddämmerung beschreibt. Seine Kutsche hat Thun verlassen, wo er um fünf Uhr abends abgereist ist. Der Mond ist aufgegangen, eine große Ortschaft ist in Sicht:

«(...) in einem undeutlich erkennbaren Tal tauchte plötzlich eine Stadt auf wie eine Erscheinung, ein strahlendes Gemälde. Es war Bern und sein Tal. Eher hätte ich geglaubt, eine chinesische Stadt in der Nacht des Laternenfestes zu erblicken. Nicht dass die Dächer besonders gezackte oder seltsame Formen gehabt hätten; aber es

leuchteten so viele Lichter in diesem lebendigen Häuserchaos, so viele Kerzen, so viele Laternen, so viele Sterne an allen Fenstern; eine Art weißlich leuchtende breite Straße zeichnete inmitten dieses auf dem Boden entfalteten Sternbildes eine seltsame Milchstraße; zwei Türme, der eine eckig und gedrungen, der andere schlank und spitz, markierten so seltsam die beiden Enden der Stadt, das eine auf der Kuppe, das andere in der Mulde; die Aare, am Fuß der Mauern hufeisenförmig gebogen, hob sich so eigenartig von der Erde ab wie eine Sichel, die einen Häuserblock anschneidet, diese Ansammlung unscharfer, von strahlenden Löchern durchsetzter Gebäude; der genau gegenüber am Himmel wie die Fackel dieses Schauspiels stehende Halbmond warf auf das Gesamtbild eine so sanfte, so fahle, so harmonische, so unsägliche Helligkeit, dass ich keine Stadt mehr sah, sondern einen Schatten, das Phantom einer Stadt, eine unmögliche Insel, vor Anker liegende Luft in einem irdischen, von Geistern erleuchteten Tal.»

Während ich Hugo im 21. Jahrhundert und mit einem Bier in der Hand lese, wird mir der große Abstand bewusst, der uns trennt. Im «Pyri» sitzen echte Chinesen zu Tisch, worüber ich mich nicht wundere. Nachher werde ich wieder am Schaufenster der Buchhandlung vorbeikommen, werde dort übersetzte Bücher aus aller Welt vorfinden, auch solche von chinesischen Autoren. Doch heute vergleicht niemand mehr die Hauptstadtbeleuchtung mit einem chinesischen Laternenfest. Ich lese weiter:

«Während meines Abstiegs haben sich die Silhouetten der Stadt mehrmals aufgelöst und wieder zusammengesetzt, und ihr Anblick hat sich halbwegs verflüchtigt. (...) Ein wenig von diesem Absturz erholt, habe ich meinen Weg fortgesetzt, und nun bin ich

im Hôtel des Gentilshommes. – Was einen weiteren Absturz bedeutet, denn das Hôtel des Gentilshommes kommt mir vor wie ein verfallener Gasthof; die Zimmer riechen modrig, die weißen Gardinen sind von den Jahren vergilbt, die Kupferbeschläge an den Kommoden mit Grünspan überzogen, die Tinte ist schwarzer Matsch; kurzum, das Hôtel des Gentilshommes ist etwas Besonderes; nichts hätte ich weniger erwartet als diese Oase bretonischen Schmutzes inmitten der Schweizer Sauberkeit.»

Beeindruckt von der Eloquenz des alten Hugo in einem schlichten Brief, klappe ich das Buch zu und gehe zu meinem Hotel, wo alles absolut sauber ist.

*

Am nächsten Morgen steige ich über mehrere Hundert Treppenstufen zum Fluss hinunter. Die Tagesetappe ist kurz. In Worb angekommen, werde ich den Eindruck haben, ich hätte das Stadtgebiet gar nicht verlassen. Über etliche Kilometer dient die Aare den Bernern und ihren Haustieren als Spielgelände. Weitere Tiere werden in einem großen Park am Wasser gehalten. Früher sprach man vom Bärengraben und vom Zoo. Inzwischen laufen dort Gämsen, Steinböcke, Pelikane und Panther fast frei umher. Im Vorbeigehen bewundere ich die Eichenbänke, gestiftet von der Credit Suisse, damit man gemeinsam mit der Bank ihren hundertfünfzigsten Geburtstag feiern kann.

Vor langer Zeit habe ich einen Sport betrieben, der darin besteht, Schuhe und Kleidung in einen Plastiksack zu stopfen und sich diesen um den Bauch zu schnallen, bevor man in Unterhose in die Aare springt, deren Strömung einen in schnellem Tempo fortträgt. Kilometerlang kann man sich so treiben und an den Hängen die Patrizierhäuser defilieren lassen, die dort seit Jahrhunderten ihren anmaßenden Reichtum zur Schau stellen. Zieht weiter, ihr armen Schwimmer! Einziger Moment der Panik: wenn man, um der Strömung zu entkommen, nach einem Ast greifen und sich ans Ufer hieven muss. Manchmal sind mehrere Versuche nötig. Die erste Landung misslingt, auch die zweite, man hält Ausschau nach Hilfe. Eine rettende Hand zieht einen aus dem Wasser.

Nach 10 Kilometern ebener Strecke entlang des Flusses biege ich ab Richtung Hochebene. Nachdem ich eine laute Autobahn unterquert habe, stoße ich auf der Straße, die gerade instandgesetzt wird, auf ein Baugerät namens Maraton, ohne h. Marathon bin ich gerne gelaufen. New York, Berlin, London, Paris ... das Glücksgefühl am Ziel.

Das heutige Ziel ist Worb. Von Weitem bewundere ich sein Schloss, dessen Mauern angeblich 3 Meter dick sind. Zumindest behauptet das ein Händler für Isoliermaterial, der seinerseits ein nur 10 Zentimeter dickes Produkt anpreist, das Hitze noch besser abhalten soll.

Die Emmenschlange

– Jeremias Gotthelf (1792 – 1854)

Von Worb aus, einer Gemeinde mit zwölftausend Einwohnern, die größtenteils in Bern arbeiten, wandere ich 400 Meter bergauf. Asphaltierte, aber ausgestorbene Hangstraße. Sie führt ins Emmental. Die aufständischen Bauern, die 1653, angeführt von ihrem «König» Niklaus, nach Bern marschierten, haben sie benutzt. Auf dem Rückweg haben sie ihre Toten und Gefolterten gezählt. Wenn man nie gehungert hat, fällt es einem schwer, sich vorzustellen, man sei einer jener Armen mit leerem Magen. Selbst der gute Pfarrer Jeremias Gotthelf, von dem ich zwei Erzählungen mitgenommen habe, hat lieber dem Patriziergott gedient als dem Gott der mittellosen Landarbeiter.

Mal führt der Weg einen Gebirgskamm entlang, mal in eine Talsenke hinab. Auf den hohen Streckenabschnitten geht der Blick in nordöstliche Richtung bis zu der in den Landschaftsfalten kauernden Stadt Bern. Dahinter bildet der Jura eine lange Horizontale, wo der Himmel beginnt. Im Süden rücken imposant die Alpen näher. Was wie ein Dauerflimmern aussah, erweist sich aus größerer Nähe als Felsen, Lawinen, Geröll, abgerutschte Eismassen. Seltsame Idee, diese Gipfel zu besteigen und dem Unwetter zu trotzen, wo doch der Spaziergang über eine grasbewachsene Bergkuppe so einfach ist.

Über 18 Kilometer führt der Weg durch mehrere Senken, in denen sich alles verdunkelt. Selbst das Grün der Tannen bekommt einen Schwarzstich. Ich hatte mich darauf gefreut, im einzigen auf der Karte verzeichneten Restaurant einen Kaffee zu trinken. Geschlossen! Ein Stück weiter ist alles fürs Picknick vorbereitet. Gemauerte Feuerstelle, gusseiserner Rost für die Koteletts, Vorrat an säuberlich zugeschnittenem Holz, Tische, Bänke, Mülleimer, Vorschriften, Unterstand für den Fall, dass es regnet. Ich stelle mir das Staunen einer syrischen Migrantenfamilie beim Anblick dieses dargebotenen Luxus vor. Aber den ganzen Tag und bis zum steilen Abstieg ins Tal begegne ich keiner Menschenseele. Allerdings höre ich mehrmals das Kreischen von Motorsägen und das dumpfe Krachen eines Baumstamms, der bei seinem Sturz die Äste der Nachbarbäume abreißt.

Mittagspause unter einer Linde, die eingekreist ist von einer mit Bibelversen versehenen Rundbank.

Um ins Emmental zu gelangen, muss ich eine letzte Erhebung überwinden, dann bin ich in Lützelflüh. Das Hotel dient zugleich als Ankunftszentrum für Migranten. Alle scheinen mit Wäschewaschen und Bügeln beschäftigt. Bei Sonnenuntergang setze ich mich auf die Terrasse meines Zimmers, es wird Zeit, mein Buch hervorzuholen.

*

Jeremias Gotthelf wurde als Albert Bitzius geboren. Mit vierzig Jahren schreibt er einen ersten Roman, der den Untertitel «Lebensgeschichte des Jeremias Gotthelf» trägt, und nimmt nun den Namen seiner Hauptfigur an, so als hätte Marguerite Duras sich Lol V. Stein genannt. Mit dreiundzwanzig Jahren war der Pfarrerssohn als

Gehilfe seines Vaters tätig. Mit dreiunddreißig wurde er selbst zum Pfarrer von Lützelflüh gewählt. Er hat dreizehn Romane veröffentlicht, die vom Kampf zwischen Mensch und Natur erzählen, vom harten Leben der Bauern. Ich habe die Novelle «Die schwarze Spinne» gelesen, eine Allegorie der Pest, die das Emmental heimsucht, als die Menschen dort einen Pakt mit dem Teufel schließen. Nachdem die Spinne Hunderte von Bewohnern getötet hat, wird sie schließlich in einem Balken eingeschlossen. Dort schlummert sie nun, allzeit bereit, auf die Menschen zu springen, die Gott nicht gehorchen.

«Die Wassernot im Emmental», nach der Hochwasserkatastrophe von 1837 erschienen, ist kein Roman, sondern ein Bericht, der mit der Beschreibung eines ungewöhnlich langen Winters beginnt:

«Der Winter, welcher bereits im Oktober 1836 angefangen, den 1. November elf Grad Kälte gebracht hatte, wollte nie aufhören, der Frühling nie kommen. Am Ostersonntag den 26. März fuhren viele Herren lustig Schlitten; lustig gings auch von Biel nach Solothurn, wo sonst mancher Winter keine Bahn bringt.»

Dann hält im Emmental ein schöner Sommer Einzug, es folgt eine gute Ernte, und plötzlich brechen mehrere Gewitter los:

«Die zwei wilden Schwestern, von ungleichen Müttern geboren, die zornmütige Emme und die freche Ilfis stürzten in rasender Umarmung brüllend und aufbegehrend das Land hinab (...). Bebend stand der Mensch am allgewaltigen Strome. Er fühlte die Grenzen seiner Macht, fühlte, dass nicht er es sei, der die Wasser-

ströme brausen lasse über die Erde und sie wieder zügle mit kühner, mächtiger Hand. (...)

Diese Schlange soll von Gott gefangen gehalten werden in mächtiger Berge tiefem Bauche, bis in ungeheuren Ungewittern gespaltete Bergwände ihren Kerker öffnen; dann bricht sie los, jauchzend wie eine ganze Hölle, und bahnt den Wassern den Weg durch die Täler nieder. Es war die Emmenschlange, deren Stimme den Donner überwand und der Lawinen Tosen. Grau und grausig aufgeschwollen durch hundert abgeleckte Bergwände, stürzte sie aus den Bergesklüften unter dem schwarzen Leichentuche hervor, und in grimmem Spiele tanzten auf ihrer Stirne hundertjährige Tannenbäume und hundertzentnerige Felsenstücke, moosicht und ergraut.»

*

Den nächsten Tag verbringe ich damit, die Emme flussaufwärts zu laufen, anschließend entlang der Ilfis bis Langnau. Der ebene Wanderpfad entfernt sich nur selten vom Flussufer. Reiter und Radfahrer benutzen einen ausgebauten Weg, auf dem keine störenden Baumwurzeln aus der Erde ragen. Aus Furcht vor dem äußerst unberechenbaren Fluss halten die Dörfer sich mehrere 100 Meter von ihm entfernt. Zwischen den Bäumen am Wegesrand kann ich sie nur erahnen. Die Holzbrücken tragen ein Satteldach und sind durch Seitenwände geschützt. Den heutigen Autos stehen nur diese Wege über den Fluss zur Verfügung, sie können dort aber nicht aneinander vorbeifahren. Die Geschichte jener Wunderwerke der Ingenieurskunst ist an jeder Brücke dokumentiert: Jahr der Erstkonstruktion, Jahre des Neubaus, Jahr der Anbringung von Metallverstärkungen, Spannweite, Balkenmaße, alles steht auf einer Tafel auf Augenhöhe der Passanten.

In «Die Wassernot im Emmental» schreibt Gotthelf über eine dieser Brücken:

«Dem wilden Strome war auch diese Brücke im Wege. Er stürmte mit Hunderten von Tannen an deren Jöcher, schmetterte Trämel um Trämel nach (...). Da krachte die Brücke, und hochauf spritzten die Wasser mit jauchzendem Gebrülle. Ein jäher Klupf ergriff die auf der Brücke Weilenden, kaum trugen die zitternden Glieder sie auf sichern Grund; ein angstvoll Bangen klemmte die Herzen der Umstehenden zusammen, die Stimme stockte in des Menschen Brust. Der Nachbar fasste am Arme den Nachbar, und nur ein einzelnes ‹Jetzt, jetzt!› wurde hörbar unter der lautlosen Menge. Die Brücke wankte, bog sich, schien klaffen zu wollen fast mitten voneinander; da zerschlug der Strom in seiner Wut sein eigen Werk, schmetterte einen ungeheuren Baum mitten an das schwellende Dach.»

Nach dem Hochwasser die Verzweiflung der Anwohner:

«Vereinzelt kamen die Unglücklichen herab zum Grabe ihrer Habe. Der Mann stund trostlos bei dem zerstörten Land, an dessen Verbesserung er jahrelang gearbeitet hatte, bei dem untergrabenen, verschlammten Hause, das erst neu unterzogen oder zurechtgemacht worden war; das Weib sah zu Türe und Fenster hinein nach ihrem Hausgeräte, dem Bette, das erst mit neuen Federn gefüllt, mit neuen Fassenen geziert worden war.»

Unglücke früherer Zeiten. Heute scheint der Fluss, den ich entlanglaufe, beschwichtigt durch künstlich geschaffene Wasserfälle, die seine Wucht bremsen. Die Emmenschlange ist nur noch ein gezähmtes Fantasiewesen. Bis wann, Herr Gotthelf?

Unmittelbar bevor ich diesen Fluss verlasse, um an der Ilfis weiterzulaufen, kreuzt meine Route die meiner Ost-West-Durchquerung der Schweiz. Es war der Streckenabschnitt, auf dem mich Dürrenmatt begleitete. Ich bin einen Hügel hinuntergewandert, habe die Emme überquert und den Aufstieg zum Napf begonnen. Am Ende der Brücke ist am rechten Ufer nichts Besonderes zu sehen. Der Kreuzungspunkt ist ein Nicht-Ort. Er existiert auf der Karte und in meiner Erinnerung. Auch damals war schönes Wetter, mein Rucksack leicht, ich erzählte mir selbst eine Geschichte. Heute erfinde ich die von Dürrenmatt als Kind: Nachdem der Pfarrerssohn Gotthelf gelesen hat, erblickt er im Pfarrhaus an der Decke eine schwarze Spinne. Dürrenmatt verkriecht sich unter seinem Federbett und beschließt, Schriftsteller zu werden, um selbst eine «Schwarze Spinne» zu schreiben.

Während ich in Langnau auf einer Caféterrasse vor einem Bier sitze, wird mir bewusst, dass ich im Zentrum einer ureigenen Geografie angekommen bin, dort, wo ein Drang einen anderen kreuzt. Der, der mich ostwärts treibt, den, der mich nach Süden führt. Ich könnte mich nun tiefschürfenden Gedanken darüber hingeben, was ein Land ist, könnte über die Fremdheitsgefühle sinnieren, die es uns auferlegt. Oder nur eine kleine Offenbarung erleben: Ich bin auf der Welt und habe soeben meinen eigenen Weg gekreuzt. Wie schon Blaise Cendrars und Nicolas Bouvier vor mir habe auch ich, nachdem ich Frankreich den Rücken gekehrt habe, Asien angepeilt.

Und nun nehme ich Abstand von meinen nordischen Bindungen und steuere auf das Mittelmeer zu. Ich zeichne ein Kreuz. Ich webe ein helvetisches Netz, um mich an der Welt festzuhalten, an dem, was ich gerne Globalität nenne, um damit der Globalisierung ein Schnippchen zu schlagen.

Nach diesen allzu ernsten Überlegungen leere ich mein Bierglas auf das Wohl aller einsamen Wanderer.

Diaphanometer, Anemometer, Cyanometer, Hygrometer

– Horace Bénédicte de Saussure (1740–1799)

Noch einmal muss ich vom Ilfistal ins Emmental laufen. Die Täler trennt eine Hügelkette, die ich entdecke, als ich 400 Meter weiter oben bei der Howacht ankomme. Wie der Name schon sagt, befand sich hier einst ein hoch gelegener Posten, von dem aus man die Täler bewachte und möglichen Angreifern auflauerte. Die Wächterhütte hat sich nicht von der Stelle gerührt, aber der pyramidenförmige Holzstapel, den man früher in Brand setzte, um Alarm zu schlagen, ist nicht mehr da.

Während ich verschnaufe, bewundere ich lange Zeit die Abfolge der Hügel und Senken, der Wälder und Weiden ringsum. Im Süden bilden die wuchtige, bedrohliche Eigernordwand, der Mönch, rundlich wie der kahle Schädel eines Klosterbruders, und die Jungfrau in jungfräulichem Weiß eine allzu oft auf Kalendern, Postkarten und in der Werbung dargestellte Landschaft. Dennoch ist sie grandios, nicht gerade beruhigend.

Ich setze meinen Weg über den menschenleeren Bergkamm fort. Überall ist das Holz sorgfältig gestapelt, Maschendrahtzäune halten das Vieh zurück, dessen Glocken noch in weiter Ferne zu hören sind. Eine Stunde später überquere ich die erste befahrbare Straße und laufe durch einen großen, als Käserei genutzten Bauernhof. Ein Dutzend aus Deutschland kommende E-Bike-Fahrer fragen mich, wo man hier Käse kaufen kann. Ich klopfe ans Fenster, ein zierliches junges Mädchen tritt auf die Türschwelle, engelsgleich und mit geheimnisvollem Lächeln. Sie ist Fremde gewohnt, auch wenn sie jenseits unserer Welt lebt mit ihren rosigen Wangen und blonden Zöpfen, ihrem weißen Kleid und den feinen Händen. Sie hat Butter und drei Sorten Hartkäse mit unterschiedlichem Reifungsgrad im Angebot, nennt die Preise, lobt die Qualität. Jeder der Deutschen bestellt etwas bei ihr, sie merkt sich alles im Kopf, ich füge noch hundert Gramm halbharten Käse hinzu. Sie verschwindet.

Einer der Radfahrer, besser informiert als die anderen, erklärt das Zustandekommen der Löcher im Emmentaler Käse mit Salztropfen, Freudentränen. Der Engel kommt zurück, einen Korb mit hübschen kleinen Päckchen in den Händen. Sie kassiert, gibt das Wechselgeld heraus und schließt nach einem letzten, natürlich engelhaften Lächeln die Tür. Einer fragt: «Glaubt ihr, sie wohnt allein in diesem riesigen Haus?» Und sie steigen wieder auf ihre Räder.

Ich wandere weiter auf einem Pfad, auf dem ich den Rest des Tages niemandem mehr begegnen werde. Ich wundere mich über einen neuen Bergkamm, der mir den Weg zu versperren droht, zögere. Habe ich mich verlaufen? Plötzlich stehe ich am Eingang eines Tunnels, der, nach der in der Röhre herrschenden Helligkeit zu schließen, nicht sehr lang ist, aber breit genug, um Großvieh durchzulassen. Eine Tafel erklärt ausführlich die Geschichte dieses ungewöhnlichen Tunnelbaus in einer Moräne aus runden, in einer Art grauem Zement eingelagerten Steinen. Das Berner Inselspital besaß hier in der Gegend Almwiesen für sein Vieh, man produzierte Käse für die Kranken und das Personal. Da die Moräne den Weg versperrte, kamen die Kuhhirten 1839 auf die Idee, «Berner Pulver», sprich Schwarzpulver kommen zu lassen, um das Gestein namens Nagelfluh zu sprengen. Angeblich entstand hier der erste Alpentunnel, der Vorfahre des 57 Kilometer langen Gotthard-Basistunnels. Ich schalte die Taschenlampe meines Handys ein, um zu prüfen, ob auch nichts einstürzen kann.

Am Tunnelausgang tut sich vor mir eine weite, bewaldete Talmulde auf und abermals der Blick auf eine über 4000 Meter hohe Bergkette. Immer noch kein Mensch, obwohl die Strecke über einen Kilometer lang aus einer asphaltierten Straße besteht. Zwei Militärflugzeuge fliegen über mich hinweg, in der Ferne dumpfe Schüsse. In diesen friedlichen Landschaften wird gerne Krieg simuliert.

Plötzlich beginnt der Abstieg. Ich verabschiede mich vom Paradies und laufe durch einen Wald steil bergab, um zu einer Pension am Ufer der Emme zu gelangen, in der ich telefonisch ein Zimmer reserviert habe. Der Empfang ist herzlich. Die Bauernhäuser im Dorf stehen so majestätisch und hübsch in ihren Holzgewändern da, und ihre Bewohner sind so stolz auf sie, dass eine Tafel nahe der Bushaltestelle ihr jeweiliges Baujahr, ihre Geschichte und ihre Besonderheiten angibt. In der beginnenden Dämmerung schießen zwei Asiaten Fotos.

*

Eggiwil am Start und Schangnau am Ziel sind zwei Dörfer am Ufer der Emme. Die vom Wanderführer vorgeschlagene Verbindungsstrecke zwischen beiden macht einen großen Umweg über einen 1300 Meter hohen Berg. Bevor ich aufbreche, frage ich nach. Wäre es nicht möglich, dem Flusslauf zu folgen? Man erklärt mir, dass es dort tatsächlich mal einen Weg gab. 1999 hat Orkan Lothar den Wald verwüstet, hat die Tannenstämme durcheinandergewirbelt wie kleine Zweige in einem Ameisenhaufen. Der Weg wurde instandgesetzt, aber Fremden rät man von seiner Benutzung ab. Dort verstecke sich die Emmenschlange, sagt der Gastwirt. Als ich lächle, erklärt er mir, die Emme fließe durch eine Schlucht mit 30 Meter hohen Seitenwänden, stellenweise verschwinde der Fluss, staue sich in Höhlen und bilde Blasen, die plötzlich platzten. Und dann, sagt er, wenn das Wasser hochschieße, höre man sie zischen, die Emmenschlange.

Ich schreibe es mir hinter die Ohren. Abends, in einem Zimmer mit holzvertäfelten Wänden, widme ich mich im trüben Licht einer Nachttischlampe den mitgenommenen Textblättern. Band vier von «Voyages dans les Alpes» habe ich mir aus dem Internet ausgedruckt: *«Par Horace-Bénédict de Saussure, Professeur émérite de Philosophie dans l'Académie de Genève & membre de plusieurs autres Académies, à Neuchâtel, Chez Louis Fauche-Borel, Imprimeur du Roi»*, 1796. Der Autor hat die Geologie der Region studiert.

Horace Bénédict de Saussure hätte ich gern kennengelernt, einen Genfer Gelehrten, der mit der Eroberung des Mont Blanc in Verbindung steht, wenngleich er nicht dessen Erstbesteiger war. Jedes Mal, wenn ich in seiner Geburtsstadt das Wissenschaftsmuseum besuche, bewundere ich erneut die Vielfalt seiner auf dem Mont-Blanc-Gipfel durchgeführten Experimente. Ich wäre gern sein Gehilfe gewesen, der mittags in der Stadt geblieben wäre, mit der Aufgabe betraut, anhand einer Musterpalette mit unterschiedlichen Blautönen die Himmelsfarbe zu bestimmen. Oben auf dem Gipfel hätte Horace Bénédict die gleiche Scheibe in der Hand gehabt. Wir hätten beide den Himmel erforscht, um das Himmelsblau in der Ebene und 4000 Meter höher zu untersuchen. Das in der Museumsvitrine ausgestellte Farbenrad, ein Cyanometer, hat es dem Gelehrten ermöglicht, Hypothesen zur Sauerstoffabnahme in der Atmosphäre aufzustellen. Heute könnte man mit einem Farbfächer und einem Handy das gleiche Experiment wie damals durchführen. Aber wer kommt noch auf eine solche Idee, außer dem Kind, das von seinem Großvater ins Museum mitgenommen wird, wo dieser ihm neben der Scheibe mit den vierundzwanzig Blautönen durchs Fenster den Mont-Blanc-Gipfel zeigt.

Horace Bénédict, gelehrter Forscher, Bastler, Tausendsassa, ein mutiger noch dazu, hat sich nicht geschont. 1787, mit siebenundvierzig Jahren, ist er in Pension gegangen. Für damalige Verhältnisse war er ein alter Mann, der die Universität, deren Rektor und Reformer er gewesen war, aus Krankheitsgründen verließ. Mehrmals hat er sich zum Fuß des Mont Blanc begeben, hat ihn dreimal umrundet, um seine genaue Höhe zu ermitteln. Wie all seine Zeitgenossen hat er ihn gefürchtet. Jacques Balmat und Michel-Gabriel Paccard hatten 1786 den Gipfel erklommen. Ein Jahr später, als Balmat siebzehn Träger sowie Horace Bénédict hinaufbegleitet, wird Letzterer von ganz Europa umjubelt. Er aber protestiert: Er will die wahren Sieger nicht in den Schatten stellen. Nichts zu machen, für die damaligen Klatschblätter hat er das Dach Europas erobert.

Da ist noch etwas, was ich an Horace Bénédict bewundere: Er kann erzählen. Seine Prosa ist genauso präzise wie die des Grafen von Buffon, genauso mitreißend wie gelegentlich die von Rousseau. Sein lebenslanges Verhältnis zu dem fernen Gipfel, den man von der Stadt aus sieht, glaube ich zu teilen. Er schreibt: *«Es war bei mir zu einer Art Krankheit geworden: Nie begegneten meine Augen dem Mont Blanc, den man ringsum von so vielen Orten aus sehen kann, ohne dass mich eine Art schmerzliches Schaudern erfasste.»*

Sein Leben lang bereitet er sich darauf vor, eines Tages diesen verfluchten Berg zu besiegen, der erst seit 1740 einen Namen trägt. Auf dem Gipfel des Mont Blanc angekommen, verliert er keine Zeit damit, wie Rousseau es täte, dem Schöpfer zu danken oder in Melancholie zu versinken. Er stellt seine selbst entworfenen Apparate auf: Haarhygrometer, Diaphanometer, Anemometer und Cyanometer. Abends notiert er: *«Als ich den höchsten Punkt im Gipfelschnee erreicht hatte, bin ich eher mit einer Art Wut als mit freudigen Gefühlen hindurch gestapft.»*

*

Die physische Beziehung des Geologen zu dem Berg, den er überschreitet, dieses zornige Stapfen kommt mir wieder in den Sinn, als ich am nächsten Tag auf 1300 Meter bergauf wandern muss. Es gab also mal eine Zeit, da hatte das Schauspiel vor meinen Augen nichts Ergreifendes an sich. Schlimmer noch, es erschreckte die Menschen. Jeder hatte Angst, dem Berg zu trotzen. Vorurteile, Religion,

Fiktion, alles zielte darauf ab, es dem Betrachter unmöglich zu machen, etwas anderes als Grauen zu empfinden. Sogar Rousseau scheint sich vor dem Berg gefürchtet zu haben. Wer hat nur dieses selige Lächeln ermöglicht, mit dem ich heute die Landschaft betrachte? Ich habe das Gefühl, dass ich hier endlich begreife, was die Epoche der Aufklärung bedeutet, eine Zeit, die Licht in die sinnlich wahrnehmbare Welt bringt und mit der alles anders wird.

Wieder am Ufer der Emme angekommen, beginne ich bei einem Picknick, Horace Bénédicts Schrift zu lesen, die sich mit der alpinen Natur befasst, allerdings auf anderer Ebene, jener der runden Flusskiesel der Emme. Kapitel vierundzwanzig trägt den Titel *«Runde Kieselsteine der beiden Emmen»:*

«Der Tonschiefer, den man am Ufer der beiden Emmen findet, ist äußerlich grau mit einem Braun- oder Grünstich; seine Oberfläche ist erdig und glanzlos. Häufig weist sie andersfarbige Adern auf, weiße sowie dunkelbraune, die so verlaufen, dass sie ein Netz aus teils daumengroßen, teils kleineren, unregelmäßigeren Maschen bilden. Innen ist die Bruchfläche kompakt, matt, erdig, relativ uneben und vollständig opak, bei den braunen Sorten mit rötlichen, bei den grünen mit weißgräulichen Streifen. Höchstens halbfest, mit einem Geruch nach Tonerde, im Rohzustand nicht auf den Magneten reagierend, wohl aber nach Erhitzung durch Feuer.»

In der folgenden Nacht träume ich einen langen Traum, in dem ich als Horace Bénédicts Gehilfe Kieselsteine sortieren und im Schein einer Öllampe auf kleine Papierschachteln verteilen muss, und da ich mich häufig irre, sagt er unumwunden: «Eine Art Wut oben auf dem Mont Blanc, verstehst du, was ich damit meine?» Ich erwache und weiß keine Antwort.

Warum muss mir dein Anblick versagt bleiben?

– Lenin (1870–1924)

Im Gasthof Löwen in Schangnau kostet das Zimmer mit Frühstück weniger als ein Essen in Genf. Gestern Abend hat der Wirt mir ein Willkommensbier spendiert, das ich in Gesellschaft einiger Bauern getrunken habe, an ihrem runden Stammtisch. Sie unterhalten sich darüber, wann genau die Sonne untergeht. Der Jagdaufseher in der Gruppe behauptet: «19 Uhr 57. Laut Gesetz darf man eine Gämse nicht später als sechzig Minuten nach Sonnenuntergang erlegen, mit einer wichtigen Einschränkung: Es müssen noch ausreichend gute Sichtverhältnisse herrschen.»

Nach einer zweiten Runde kommen sie auf den FA-18-Kampfjet zu sprechen, der gestern oberhalb des Dorfes abgestürzt ist. «Es war neblig, Freunde», sagt der eine, «und diese Leute wissen nicht, wie hoch unsere Berge sind.» Alle nicken und mustern mich, als hätte auch ich keine Ahnung von der majestätischen Größe ihrer Höhenzüge.

Am frühen Morgen schwebt noch leichter Dunst über der Emme. Ich wandere flussaufwärts von einem Bauernhaus zum nächsten, durch das Grün der kleinen, vorbildlich bewirtschafteten Hügel. Für das Überleben der Landwirtschaft wird jede Parzelle benötigt. Das Gras ist so ordentlich gemäht wie die Rasenflächen in der Stadt. Alles ist gepflegt und sauber: die Holzpflöcke, der Kies auf den Wegen, das Unterholz. Aus jedem Hof dringen Maschinengeräusche. Von Zeit zu Zeit läuft schweren Schrittes ein arbeitender Bauer vorbei, stämmig, einsam. Wenn er die Hand zum Gruß hebt, ist das schon viel. Beneidet er mich um meine Sorglosigkeit, um die Leichtigkeit meines Rucksacks? Sie sind ihm egal, Hauptsache ich schließe die Schranke wieder richtig, damit seine Kühe nicht auf Abwege geraten.

Nach einem letzten flachen Stück entlang der Emme endet die befahrbare Straße an einem Kurhaus, einem vornehmen Ort, an dem Firmenseminare stattfinden. Eine Reihe dunkler Wagen lässt vermuten, dass hier Leute zusammenkommen, die nicht gestört werden wollen. Italienische, deutsche, polnische und französische Nummernschilder. Kurgäste oder Verschwörer? Ich ziehe weiter, verlasse die Talmulde zur Linken. Nach und nach weitet sich der Horizont, hellt sich auf, bis hinein in meinen Kopf. Ich bewundere die tausend Tricks, die man sich für die Durchquerung von Feuchtgebieten ausgedacht hat: eine sich über einen Bach wölbende Holztreppe, ein über einen Sumpf führender Steg, damit die Füße trocken bleiben, in einer Furt verteilte Steine. Vielfältig sind auch die Tore zwischen den Kuhweiden. Mal muss man eine große Schranke aufdrücken, nachdem man zuvor eine Kette abgenommen hat, mal mithilfe eines Plastikgriffs ein Stromkabel lösen: Feder spannen, möglichst nicht das Metall berühren. Oder der Wanderer braucht nur, um passieren zu können, eine Stange anzuheben, die sich durch ihr eigenes Gewicht wieder an der richtigen Stelle absenkt. Oder ein Zickzackdurchlass, durch den man sich seitwärts und mit eingezogenem Bauch schiebt, und nicht zu vergessen das raffinierte System aus Gegengewichten beim Schließen des Tores.

Obwohl mir während des gesamten Aufstiegs nicht eine Menschenseele begegnet, stoße ich auf eine Bank, die mit drei seitlichen Holzbrettern und einem Vordach gegen den Wind geschützt ist. Ich nehme an, dahinter verbirgt sich eine militärische Übung im Dienst des einsamen Wanderers. Außerdem mussten die Soldaten mitten in der Landschaft einen großen Stein mit den eingravierten Namen von vier jungen zwanzigjährigen Kameraden aufstellen. Ein Flugzeugunglück? Eine Mine? Eine Lawine? Am Ende der Liste prangt ein lorbeerbekränzter, mit zwei eidgenössischen Kreuzen versehener Helm. Ich übertrage in mein Heft: *«Soldat Hartman Heinrich, Soldat Riedweg Peter, Soldat Letzkus Anton, Soldat Rixen Bernhard»*. Noch mehr Schweizer Armee: der Eingang zu einem in den Berg gebauten Bunker. Im ersten Moment halte ich ihn für eine Einsiedlerhöhle mit Metallgitter zum Aufstecken von Kerzen. Weiter unten im Tal, kurz vor Sörenberg, erinnert eine in Stein gemeißelte Folterszene an den Bauernkrieg von 1653.

Sörenberg ist ein merkwürdiger Ort in 1158 Metern Höhe: kein wirklicher Wintersportort und nicht freiliegend wie ein sommerlicher Urlaubsort. In der Zwischensaison schlummert das Dorf. Ich besichtige die Kirche, in der lauter zweihundertjährige naive Exvotos hängen. Sie geben Auskunft über Heilungen und göttliche Erscheinungen im Gebirge. Auf dem Friedhof enthalten die Grabinschriften erstaunliche Angaben. Etwa *«Erwin Bucher-Steffen 1942–2003 Elektrogeschäft»*. Hat er seinen Laden gleich mitgenommen? Oder hat diese Frau, die in der «*Hauschallerstrasse 44*» lebte, keinen anderen Wohnsitz mehr? Und musste sich «*Fritz Kuhn*» mit seinem ziemlich alltäglichen Namen durch ein Foto hervorheben, das ihn als Jäger neben seinem ebenfalls toten Wild zeigt?

Da ich frühmorgens aufgebrochen bin, habe ich Zeit für einen Ausflug und mache noch einen Abstecher in den anderen Ortsteil, nach Flühli. Der Name sagt mir etwas, ich will mich vergewissern. In diesem Dorf scheinen viele Bauwerke eine lange Geschichte zu haben. Die Kirche steht auf einem Felsenvorsprung, gleich daneben das 1793 erbaute Haus des Küsters. Weiter unten, in der Nähe der Brücke, erinnern wieder zwei Gedenksteine an den Bauernkrieg. Zeitgenössisch sind nur die Bushaltestelle und, ein Wunder der Hydraulik, der Brunnen mit der dreihundert Kilo schweren Granitkugel, die man durch bloßen Fingerdruck um sich selbst kreisen lassen kann.

Ich setze mich in den Gastraum eines Hotelrestaurants, in dem sich seit hundert Jahren nichts verändert zu haben scheint: Holztische mit gusseisernen Beinen, Stühle, Geschirrschrank, Theke, Pendeluhr, gelbe Kugellampen an der Decke. Hotel Kurhaus, hier könnte es sein, sage ich mir. Als ich zur Toilette gehe, komme ich an der nicht besetzten, aber mit zwei großen Fotos geschmückten Rezeption vorbei. Auf dem ersten, vom Sommer 1915, ist der Mann, dem ich auf der Spur war, in Begleitung von zwei Proletariern zu sehen: einer Kellnerin namens Aloise Schneider-Bucher und eines Mannes mit Schnurrbart, der letzte Postillion. Zwischen den beiden steht kerzengerade, elegant, kaum wiederzuerkennen, der, den die Bildunterschrift als Lenin ausweist. Das andere vergrößerte Foto ist bekannt. Dort sieht man den Vater der Russischen Revolution auf einer Terrasse in Gesellschaft seiner Ehefrau Nadeschda Krupskaja bequem in einem Liegestuhl sitzen.

In ganz Europa tobte der Erste Weltkrieg. Im September 1915 bereitete man sich in Zimmerwald auf eine Konferenz vor. Sie sollte den kriegerischen Imperialmächten Einhalt gebieten. Lenin, in geistig aktiver Sommerfrische, wartet auf Nachrichten von seinen Kameraden, mit denen er scharfe Auseinandersetzungen führt. Am 4. Juni schreibt er seiner Geliebten Inessa Armand. Seinen Brief beginnt er auf Englisch, mit *«Dear Friend»*. Lange hat die offizielle Geschichtsschreibung die Beziehung der beiden ausradiert und von Lenin das Bild eines treuen Ehemannes gezeichnet.

Inès Elisabeth ist Pariserin, Tochter eines Opernsängers und einer Schauspielerin. Als Sechsjährige wird sie in die Obhut ihrer in Moskau lebenden Tante gegeben, einer Klavierlehrerin, die aus einer Textilfabrikantenfamilie stammt, den Armands. Sie spielt mit den Söhnen, heiratet mit neunzehn den Ältesten von ihnen, bekommt vier Kinder. Sie führt ein großbürgerliches Leben, interessiert sich aber gleichzeitig immer mehr für die sich anbahnende Revolution, besonders für die Sache der Frauen. Mit sechsundzwanzig verliebt sie sich in ihren jungen, erst neunzehnjährigen Schwager. Sie ziehen gemeinsam mit den Kindern nach Montreux. 1905 kehren sie nach Moskau zurück, wo Inessa nun wegen ihrer politischen Überzeugungen strengstens überwacht wird. Als man sie unter Hausarrest stellt, flieht sie über Finnland nach Frankreich, wo sie 1909 Lenin kennenlernt. Sie ist vier Jahre jünger als er. Sie wird seine engste Mitarbeiterin, seine Geliebte, wohnt im selben Haus wie die Eheleute. Einem Freund zufolge konnte Lenin *«seine mongolischen Augen nicht von der Kleinen lassen»*. Er habe Tag für Tag in der ersten Reihe gesessen, nur um sie anschauen zu können.

Er schreibt ihr, wie sie ihn in Flühli treffen kann. Der Brief, auf Russisch verfasst, außer der englischen Anrede und dem zwischen den Geliebten üblichen französischen *«Au revoir»* am Ende, klingt ziemlich sachlich. Elf Jahre lang werden sie zusammen sein. Was ich von ihrer Liebeskorrespondenz lese, ist überwältigend. Inessa:

«Vom ersten Augenblick an, als ich dich sah, habe ich dich geliebt, wie ich dich heute liebe. Ich wäre bereit, dich nicht zu küssen, wenn ich dich nur sehen könnte. Warum muss mir dein Anblick verwehrt bleiben?»

1920 stirbt Inessa im Alter von sechsundvierzig Jahren an Cholera. Prunkvolle Beerdigung in Moskau. Sechzig Panzerwagen erweisen ihr die letzte Ehre. Das Bolschoi-Orchester spielt Chopin. Lenin begleitet den Sarg vom Bahnhof bis ins Stadtzentrum. Ihr Mann und die Kinder sowie Lenins Gattin folgen, jedoch mit Abstand. Ein Zeitgenosse schreibt:

«Sein ganzes Wesen, nicht nur sein Gesicht, strahlte eine solche Traurigkeit aus, dass niemand es wagte, ihn zu grüßen, nicht einmal mit einem Nicken. Es war klar, dass er mit seinem Schmerz allein sein wollte. Er wirkte in sich zusammengesunken, seine Mütze verbarg seine Züge, und seine Augen schienen mühsam die

Tränenflut zurückzudrängen. Und jedes Mal, wenn die Menschenmenge unsere Gruppe vorwärts drängte, ließ er sich widerstandslos weiterschieben, als wäre er dankbar, so dem Leichnam näher zu kommen.»

Sie wird an der Kremlmauer beigesetzt. Lenin legt einen Kranz aus weißen Lilien auf ihr Grab. Vier Jahre später wird sein einbalsamierter Leichnam in unmittelbarer Nähe aufgebahrt. Auf meinem Rückweg aus Flühli im rosigen Abendlicht bewegt mich noch lange die Beziehung zwischen Liebesgeschichte und Revolution.

*

Von Sörenberg bis zum Sarnersee erwartet mich ein harter Tag. Der Hotelier rät mir, den Bus zu nehmen, das sei bequemer. Ich beginne einen Aufstieg, der auf der Karte mit einer gestrichelten Linie eingezeichnet ist, nicht weil er schwierig oder gefährlich wäre, sondern weil dort die Kühe den Vortritt haben. Sie sind zahlreich und hier natürlich ganz zu Hause. Will man an ihnen vorbeikommen, muss man die Stimme oder den Stock erheben. Oben auf dem Pass stoße ich wieder auf die Straße, die im Winter nicht befahrbar ist. Die Motorradfahrer lieben sie und halten dort an, um vor dem Hintergrund einer stets blauen Ferne und mehrerer Seen ein Selfie zu machen. An einem Brunnen im ausgehöhlten Baumstamm einer Tanne fülle ich meine Feldflasche auf.

Um mir die Serpentinen zu ersparen, nehme ich die Abkürzung durch den Wald, 1200 Höhenmeter bergab. Drei Stunden lang geht es steil hinunter. Nichts für meine Knie.

Zwanzig Jahre, ohne jemals zu essen

– Niklaus von Flüe (1504–1597)

Über eine Schwemmebene laufe ich auf das Südostufer des Sarnersees zu. An den Hängen haben sich die aus Luzern kommenden Anwohner im Grünen niedergelassen. Jeden Morgen fahren sie über die Landstraße oder mit dem Zug, der dem Uferweg nur wenig Platz lässt, zur Arbeit in die Stadt. Ein paar Badestege, ein paar eher bescheidene Strände, Picknickbänke, alles für Städter angelegt. 6 Kilometer bis zu einer größeren Ortschaft, die sich am See entlangzieht.

Von ihrem barocken Glockenturm aus weist alles nach Flüeli, zum touristischsten Ort im Kanton Obwalden und – so die klerikale Werbung – meistbesuchten Wallfahrtsort der Schweiz. 1984 hat im Hotel Paxmontana der Papst übernachtet. Ein mit religiösen Symbolen und Informationstafeln abgesteckter Weg. Wer es in der Schule verpasst hat, dem sei in Erinnerung gerufen, dass wir uns hier auf den Spuren des Schutzpatrons der Schweiz befinden.

Im Jahr 1417 in einer reichen Bauernfamilie geboren, war Niklaus, genannt von Flüe, weil er aus Flüeli stammte, ein vorbildliches Kind, das jedoch zeitlebens ein Analphabet blieb. Als Soldat zeichnete er sich sofort aus. Vor allem als er mit einem mannshohen Schwert in der einen und einem Rosenkranz in der anderen Hand gegen die Zürcher kämpfte. Wer eine Ahnung hat, was so ein Schwert damals wog, kann nur staunen über den, der so damit umzugehen wusste. Ein erstes Wunder vermutlich.

Niklaus nahm an drei siegreichen Feldzügen teil und stieg vom Fahnenträger zum Hauptmann auf. Mit neunzehn Jahren beteiligte er sich am Krieg der kleinen Kantone gegen Zürich. Sechs Jahre später zog er gegen die Österreicher in den Kampf, und schließlich, mit dreiundvierzig, in den Thurgauerkrieg. Seine ruhmreichste Heldentat vollbrachte er bei der Eroberung von Diessenhofen. Zahlreiche österreichische Soldaten hatten sich in einem Dominikanerkloster verschanzt. Als die Schweizer beschließen, das Kloster in Brand zu stecken, um die Feinde daraus zu vertreiben, widersetzt sich Niklaus von Flüe, nicht etwa um die Österreicher, sondern um die Kirchengüter zu retten. Er stürmt heran, entreißt den gottlosen Soldaten die Fackeln, löscht den Brand, ein Quasi-Wunder. Wieder zu Hause, wird Niklaus Ratsherr und Richter des Kantons, lehnt aber das Amt des Landammannes ab. Er hat andere Pläne.

Mit fünfzig Jahren verkündet er seiner Frau und seinen zehn Kindern, fünf Knaben und fünf Mädchen, dass er sich fortan dem Gebet widmen werde. Er hatte nämlich einen Traum, den er fast fünfhundert Jahre vor Doktor Freud selbst deutet: Er hielt eine wunderschöne Lilie im Mund, die bis in den Himmel reichte. Ein vor einen Karren gespanntes Pferd kam und fraß die Lilie. Niklaus interpretiert es so: Das Pferd ist seine irdische Arbeit, die Lilie sein von dieser Arbeit verschlungenes spirituelles Leben. Er nimmt Abschied von seinen Kindern und seiner Frau, die ihm «mit heiliger Resignation» ihre Zustimmung gibt. Auf der Suche nach einer Einsiedelei streift er durchs Land, kommt bis nach Liestal, ohne etwas Passendes zu finden. Ein zweiter Traum mahnt ihn, zu den

Seinen zurückzukehren. Sein Refugium wird nur wenige 100 Meter von seiner Familie entfernt liegen.

Seine Getreuen bauen ihm eine kleine Klause, in der er auf dem Boden schläft, einen dicken Stein als Kopfkissen. Ihm wird ein Priester zugeteilt, der allein für ihn so oft wie nötig in einer winzigen Kirche die Messe liest. Jeden Monat schluckt Niklaus eine Hostie, seine einzige Nahrung, denn er hat gelobt, nichts mehr zu essen. Diese Diät hält er zwanzig Jahre lang durch. Seine Buße beeindruckt die Zeitgenossen, die Rat bei ihm suchen. Fortan verläuft der Jakobsweg über Flüeli. Jeden Nachmittag empfängt Niklaus. Die Höfe ganz Europas schicken Botschafter zu ihm, um in den Genuss seiner großen Weisheit zu gelangen. Auch die Eidgenossen holen sich Rat bei ihm. Erneutes Wunder: Er, der Analphabet, schreibt einen Brief, um ihnen eine friedliche Lösung im Konflikt um den Beitritt Solothurns und Freiburgs zur Eidgenossenschaft vorzuschlagen. Was genau dieser Brief enthielt, ist nie bekannt geworden, aber er hat Wirkung gezeigt, denn Solothurn und Freiburg gehören heute zur Schweiz.

Nach seinem Tod wird Niklaus im Jahr 1669 seliggesprochen. Als während des Zweiten Weltkrieges seine Heiligsprechung ansteht, beschließt der Papst, dass es genügt, ihm statt drei Wundern nur zwei zuzuschreiben. So werden die Heilung von Fräulein Ida Jeker im Juni 1937 und die von Fräulein Bertha Schürmann im Mai 1939, zwei von mehreren katholischen Ärzten vorschriftsmäßig bescheinigte und untersuchte Heilungen, als Wunderheilungen anerkannt und am 4. Juni 1944 in einer Sitzung der Heiligen Ritenkongregation vom Papst akzeptiert.

Allen, die in der Verehrung unseres Landsmannes gern einen überholten Brauch sähen, rate ich zu einem Besuch der vom Papst geweihten Stätte. Anlässlich des sechshundertsten Geburtstags des heiligen Mannes wurden die Zufahrtsstraßen erneuert, der öffentliche Verkehr umgeleitet und große Parkplätze angelegt. In einer Anwandlung patriotischen Eifers und religiöser Huldigung bauten Armee und Zivilschutz neue Stege über die Schlucht. Entlang eines Kreuzwegs bieten Händler frommen Tand und irdische Nahrung feil. Öffentliche Toiletten, Schweizer Fahnen, Kinderbetreuung, Kapellen, Polizeiposten heißen täglich eine Flut von Gläubigen willkommen, Menschenströme, gelenkt wie in Mekka, kanalisiert wie in Lourdes, diszipliniert wie in der Schweiz.

*

Der Ort inspiriert mich so wenig, dass ich darauf verzichte, dort zu übernachten. Bis zum Abend bleibt mir noch genug Zeit, um nach Stans zu wandern. Ich laufe weiter am Hang entlang. Im Tal, zwischen Sarnersee und Alpnachersee, haben sich kleine Ansiedlungen ausgebreitet. Ein paar Kilometer lang deckt sich meine Nord-Süd-Route mit dem Jakobsweg, was zur Folge hat, dass mir einige mit Pelerine bekleidete Pilger entgegenkommen. Am Ende ihrer Reise werden sie nicht zu Fuß nach Hause zurückkehren, wie es üblich war in Zeiten, als die Flugzeuge noch nicht den Himmel verstopften.

Vor den Bauernhöfen bilden in Plastik gewickelte Heuballen, alle von gleicher Form, aber nicht von gleicher Farbe, erstaunliche Skulpturen in Rosa, Himmelblau und

Weiß, eine Hommage an die Technisierung der Landwirtschaft. Ein vor seinem Hof sitzender älterer Bauer sucht Gesellschaft. Wir tauschen Eindrücke über das aktuelle und das kommende Wetter aus. Seine Hosenträger passen zu seinem kragenlosen, mit Edelweiß bestickten Hemd, wie man es noch auf regionalen Viehmärkten antrifft.

Linkerhand das mächtige Bergmassiv des Pilatus, dessen Rückseite Luzern überragt. Der diesseitige Hang ist ungleichförmig, bis zum Gipfel gestreift von den Lawinenverbauungen.

Da Niklaus von Flüe nichts zu schreiben vermochte, auch wenn seine Verse und Gebete «im Wortlaut» zitiert werden, habe ich die Beschreibungen von Victor Hugo mitgenommen, der von der Eroberung dieses rauen Berges erzählt. Er erklärt, der Name Pilatus rühre von der Wolke her, die den Berggipfel stets wie eine Mütze bedeckt, wie der «Pileus» der freigelassenen Sklaven im alten Rom. Hugo selbst hat ihn nicht bestiegen und behauptet fälschlicherweise, dort oben läge ein See. Vermutlich nahm er an, der Pilatus sei ein ehemaliger Vulkan.

Rechterhand macht das Stanserhorn dem Pilatus Konkurrenz. Seit 1893 hat auch dieser Berg seine Zahnradbahn. Auf dem oberen Streckenabschnitt wurde sie durch eine Seilbahn ersetzt. Auf dem unteren Stück fahren noch immer offene, mit roten Vorhängen geschmückte kleine Wagen. Als ich die Bahnstrecke überquere, winken mir ausgelassene Touristen zu wie einem Einheimischen.

Nach einer letzten Erhebung eröffnet sich der Blick auf die Landebahn der Pilatus Flugzeugwerke. Ich laufe Richtung Stans, wo mich die Illustrierung einer weiteren

Legende aus meiner Schulzeit erwartet, die der Schlacht bei Sempach. 1386 soll sich der Soldat Winkelried geopfert haben, um den Eidgenossen zum Sieg zu verhelfen. Er soll den Österreichern, deren Front aus Speerspitzen unüberwindbar schien, entgegengestürmt sein, ein Bündel Lanzen gepackt und so den Truppen eine Bresche geöffnet haben, wodurch die Schlacht entschieden wurde. In der Schule sagte der Lehrer, Winkelried habe, bevor er losgerannt sei, seinen Männern zugerufen: «Sorget für mein Weib und meine Kinder!» Wir Schüler mussten jedes Mal kichern, wenn sein heldenhaftes Opfer zur Sprache kam. Der Lehrer wusste, dass wir Winkelried einen anderen Ruf in den Mund legten, nämlich: «Welches Schwein hat mich gestoßen?» Auf dem Dorfplatz von Stans stehe ich vor dem in Stein gemeißelten Helden, der sich soeben auf einem Bündel Lanzen selbst aufgespießt hat, und verkneife mir das Kichern.

Die Tyrannei in der Maske der Freiheit

– Gottfried Keller (1819–1890)

Stans, Hauptort des Halbkantons Nidwalden, zählt gerade mal achttausend Einwohner. Seine Fabrik Pilatus Aircraft, Weltmeisterin in der Herstellung einmotoriger Flugzeuge mit Propellerturbine, beschäftigt tausendzweihundert Mitarbeiter. Um einen kleinen Kern herum breitet sich der Ort in einer Ebene aus, dessen beiden äußersten Enden am Vierwaldstättersee mit seinen vielen in alle Richtungen ausgestreckten Armen liegen. Norwegisch anmutende, fjordartige Landschaft mit derart steilen Klippen, dass mehrere Seedörfer jahrhundertelang nur mit dem Boot zu erreichen waren. Am Nordufer verlängern unzählige Tunnel die einstige Gotthardstraße. Am Südufer haben sich die Pläne für eine Autobahn häufig geändert, bis 1980 eine Doppelgalerie gebohrt wurde. 10 Kilometer, zwei Röhren und vier Spuren. Damals eine landesweite Premiere.

Stans ist mit Beckenried durch einen Wanderweg verbunden, der hinter dem Bürgenstock entlangführt. Die Bergwand auf der Seeseite fällt so steil ab, dass man das Hotel am Gipfel nur mit einem Aufzug erreicht.

Bevor der Weg wieder am Ufer entlangführt, verläuft er oberhalb des Flugplatzes. Alle zwei Minuten testen Flugzeuge Motoren und Bremsen, Kurzstarts und -landungen. Ich gewöhne mich weniger leicht daran als die Kühe, die beim Grasen nicht mehr den Kopf heben.

Ich laufe den Hügel hinunter und über eine Brücke,

die einen aus einem Seitental einmündenden Fluss überspannt. Am Ende des Tales liegt der Touristenort, in den der kleine rote Zug aus der Zentralschweiz fährt.

Wenig später erreiche ich wieder den See und bin nicht der Einzige, der ihn bewundert. Von den sich in seinem Wasser spiegelnden Bergen erzählen Mark Twain, Nietzsche, Victor Hugo und Wagner. An seinen Ufern haben Schiller und Hermann Hesse sich ausgeruht. Eine Tafel dokumentiert Goethes Besuch.

Bis nach Beckenried zieht sich der Weg am See entlang, an dem der Berg steil aufragt. Geschützt durch die schwierigen Zugangswege, hat die sogenannte Urschweiz hier ihre Tagsatzung abgehalten. Eine Gondelbahn bringt die mit dem Schiff angereisten Touristen zu einer Alp 1000 Meter weiter oben. Die Einwohner von Beckenried sind die Meister der Blumentopfkultur. Auf jeder Fensterbank Geranien, exotische Kompositionen, kleine Palmen oder schlichte Margeriten, die je nach Jahreszeit umgestellt werden.

Nah am grünen Seewasser auf einer Hotelterrasse sitzend, vertiefe ich mich in die erstaunliche Novelle, von der mir keine französische Übersetzung bekannt ist. Ihr Autor, der Zürcher Gottfried Keller, ist 1862 dreiundvierzig Jahre alt. Er empört sich über die Art und Weise, wie Napoleon III. den Schweizern ihre Rechte über Savoyen raubt. Und so macht er daraus einen kleinen Roman, dem er den Titel «Verschiedene Freiheitskämpfer» gibt. Die Geschichte spielt im Jahr 1798, als die französischen Truppen anrücken, um die Schweiz zu befreien. In den meisten Schweizer Kantonen werden die Soldaten in diesen Tagen kampflos willkommen geheißen. Man pflanzt einen

Freiheitsbaum, man tanzt, man bietet den Eindringlingen etwas zu trinken an, und diese nutzen die Gelegenheit, um die öffentlichen Kassen zu plündern und alles, was ihnen in den Häusern der Patrizier gefällt, nach Paris mitzunehmen.

Einer der Soldaten, Peter Dümanet, ein französischer Jäger und republikanischer Schwadroneur, macht der Tochter eines angesehenen Schweizers den Hof. Schon ist die Heirat beschlossen, da wird er plötzlich zum Kampf zurückbefohlen. Irgendwo tief in der Urschweiz wehren sich die Bewohner des Halbkantons Nidwalden gegen die Belagerung durch eine fremde Armee, mag sie auch den Befreiern gehören. Die Franzosen sollen auf keinen Fall bleiben. Ein paar Tausend Bauern machen sich kampfbereit, ordnen die allgemeine Mobilmachung an, bündeln ihre Kräfte, sprich kaum zweitausend mit alten Gewehren bewaffnete Infanteristen.

Die Truppen der Grande Nation, sechzehntausend Mann unter dem Befehl des früheren Royalisten Schauenburg, setzen zum Sturm an. Auf dem Vierwaldstättersee bombardieren sie von ihren Schiffen aus die Hänge des Bürgenstock. Die Nidwaldner Truppen erleiden schwere Verluste, vermögen die Landung der Franzosen, die ihnen die *«Tyrannei in der Maske der Freiheit»* bringen, nicht zu verhindern.

Der Jäger Dümanet staunt über den Widerstand im Volk, versteht nicht mehr, im Namen welchen Prinzips er mit seinem Gewehr *«Freiheit und Menschrechte»* erzwingt. Dennoch beteiligt er sich an der Schlacht, mordet mehrere Alte und Kinder, vergewaltigt einige Frauen, stiehlt ihren Schmuck und steht plötzlich allein einem jungen

Bauern gegenüber, dem die Munition ausgegangen ist. Er nimmt ihn gefangen, zwingt ihn, ihm den Weg zu seinem Hof zu weisen. Als beide dort ankommen, finden sie die Bauersfrau erdrosselt vor. Da stürzt sich der Mann auf Dümanet. Der Befreier wird vom Berg hinabgestoßen, und der tapfere Held bricht über dem Leichnam seiner Liebsten zusammen.

Ich schließe das Buch mit Tränen in den Augen, beeindruckt von diesem Schriftsteller, der die Vergangenheit zu nutzen weiß, um mir von seiner Zeit und vielleicht auch von meiner zu erzählen.

*

Am Ortsausgang von Beckenried, unter den Pfeilern der Autobahnbrücke, beginnt ein Pfad, der steil in den Wald oberhalb des Sees hinaufführt. Stufen wurden in den Felsen geschlagen, ein Geländer hilft, 600 Meter in einem Zug zu überwinden. Zum Glück steige ich an einer sonnenlosen Nordwand hoch. Jedes Mal, wenn ich stehenbleibe, um zu verschnaufen, hat der See seine Farbe geändert. Auf einer schwimmenden Plattform senkt ein riesiger Bagger seine eisernen Zähne ins Wasser, um sie fünf Minuten später triefend wieder daraus hervorzuziehen. Der Kies wird in einem Silo abgeladen, auf ein Fließband befördert, sortiert, gesiebt, kalibriert, bevor er in die verschiedenen Laderäume eines Lastkahns verladen wird. Kaum ist dieser voll, löst der nächste ihn ab, der seine Fracht seinerseits zu den verschiedenen Seehäfen bringt. Nicht eine einzige Unterbrechung in diesem seit Jahrzehnten andauernden Förderprozess. Der Beweis:

Der Schwimmbagger wird bereits in einem Reiseführer erwähnt, der fast so alt ist wie ich.

Ab dem Waldrand verläuft der Weg am Hang entlang, hinein in den Kanton Uri mit seinen grünen Weiden. Hier werden Lamas, Ziegen, Schweine, Schafe, Hühner, Bienen gezüchtet. Freier Blick auf die Voralpen und die von Schiffen auf der Seeoberfläche hinterlassenen Zeichnungen.

Plötzlich verbreitert sich der Weg, wird fast zu einer Autobahn, eine asphaltierte, aber leere Strecke. Auf einer Tafel die Erklärung: Diese Verschwendung war gar keine. 1960 wurde hier die Bohrung eines Autobahntunnels geplant. Die Bewohner von Seelisberg, erfreut über ein Vorhaben, das sie mit dem Rest der Welt verbinden würde, haben eilig die Zufahrt zum geplanten Tunnelportal gebaut. Leider aber wählten Geologie oder Bürokratie einen anderen Streckenverlauf durch den Berg, einen ohne Verbindung zum Dorf.

Merkwürdiger Ort für einen Hotelkomplex. Die Architektur des 1875 errichteten Grandhotels von Seelisberg erinnert an jene der Bauten an der Promenade des Anglais in Nizza. In den Siebzigerjahren hat ein indischer Guru das Gebäude gekauft, in dem Pilger verkehrten, die die benachbarte Kirche besuchten. An den Wänden hängen Dutzende von Exvotos, eines naiver als das andere.

Da es gleich ein Uhr mittags ist, sausen behelmte Kinder auf dem Weg zu ihrer Schule mit bunten Trottinetts den Hang hinunter. Auf ihren leichten Gefährten rollen sie in der Hocke kauernd um die Wette, Mädchen wie Buben, lachen und schreien, damit der Wanderer aus dem Weg geht. Ländliche Lebensfreude fern der Gefahren des Autoverkehrs.

Unterhalb des Dorfes liegt am Berghang die Rütliwiese. Hier gründeten vor siebenhundert Jahren die drei erhobenen Finger einiger Bauern die Schweiz. Die Männer schworen einander immerwährenden Beistand gegen den Eindringling, um endlich in Frieden leben zu können. Die Wiese ist heute das obligatorische Ziel von Schulausflügen und der Ort, an dem die Rede des 1. August, des Nationalfeiertags, gehalten wird. Von oben wirkt die Parzelle winzig klein, patriotische Pflege verleiht ihr die Farbe eines Golfplatzes inmitten wilder Natur.

*

Auf dem Weg hinunter zum See leiden meine Knie auf den Hunderten von Stufen aus mit Armierungseisen befestigten Eichenbalken. Anschließend verläuft der Pfad weiter durch offene Galerien, durch die einst die Straße führte. In den Felsnischen haben Künstler mehr oder weniger geglückte Dekorationen zur Feier des siebenhundertjährigen Bestehens der Eidgenossenschaft geschaffen.

Nebelwesen

–Johann Wolfgang von Goethe (1749–1832)

Isleten liegt an einem weiteren Arm des Vierwaldstättersees, der gespeist wird von der vom Gotthard herabfließenden Reuss und sich bis Seedorf erstreckt. Flaches Muldental, von hohen Bergen gesäumt. Sein Aussehen hat sich kaum verändert, seit hier im Jahr 1797 Goethe entlanggewandert ist:

«Schöne Matten rechts und links. Nebelwesen. Man weiß nicht, ob sie steigen, sinken, sich erzeugen oder verzehren, wegziehen oder sich herabstürzen. Herrliche Felswände, Kalk.

Breite klare Quelle, Sonne, blauer Himmel durchblickend, an den Bergen Wolkengebilde, Kindergeschrei aus der Höhle. Steile Kalkfelsen links bis auf die Wiese herab, wie vorher bis auf die Oberfläche des Sees. Rückwärts und niedrig erschien ein fast horizontales Stück eines sehr breiten Regenbogens.»

In diesem unteren Teil des Reusstales bewahren die verschiedenen Strecken ihren parallelen Verlauf. Als die Region zum wichtigsten Abschnitt auf der Durchquerung des Kontinents wurde, mussten hier alle möglichen Wege und Linien untergebracht werden, ohne sich allzu sehr zu verheddern: Straße, Schiene, Radweg, Wanderpfad, Hochspannungsleitung, Fluss.

Das kanalisierte Wasser fließt genauso gerade wie alles andere. Auch der Wanderer gelangt ohne Umwege nach Erstfeld. Die Ebene hat dem neuen Eisenbahntunnel als

Baustelle gedient: Baubaracken, Gerätschaften, Aushubmaterial. Seit 2016 fährt der Zug kurz vor Erstfeld in den Berg hinein – 57 Kilometer weit, ein Weltrekord. Der Tunnelbau hat Jahrzehnte gedauert. Er macht die alte Trasse überflüssig, die Ende des 19. Jahrhunderts der Stolz der Ingenieure und der Albtraum Tausender Bergleute war.

Nach der Inbetriebnahme des neuen Tunnels wurde Erstfeld zur Endstation der aus Zürich kommenden Bahnlinie. Ein anderes Liniennetz, die Treni Regionali Ticino-Lombardia, bedient regionale Bahnhöfe entlang der ehemaligen Gotthardlinie bis nach Mailand.

Ich übernachte in einem lauten Hotel.

*

Am nächsten Tag halte ich mich wieder an Goethe, der alles mit zugleich wissenschaftlichem und romantischem Blick betrachtet: *«Bisher hatte das Tal meist gleiche Weite; nun schließt ein Felsstock die eine Hälfte ab; er besteht aus einem sehr quarzhaften Glimmerschiefer.»*

Von Erstfeld bis Göschenen verläuft ein markierter Wanderweg, gut instandgehalten und garantiert ohne Unterbrechung. Dort mache ich ein, zwei Bekanntschaften, mehr als sonst. Diese Wegstrecke, die des Öfteren geändert wurde, entstand im 12. Jahrhundert. Der anfängliche Saumpfad wurde durch eine Straße ergänzt, über die ab 1834 die Postkutschen rollten. Diese bekam Konkurrenz durch eine Eisenbahnlinie, die sich im Lauf des 20. Jahrhunderts verdoppelt hat. Ab 1980 zwang die Autobahn die übrigen Verkehrsmittel abermals zum Ausweichen. Die auf den 23 Kilometern zwischen Erstfeld und Göschenen aufgestellten Tafeln dokumentieren die Geschichte dieses Miteinanders.

So fehlt es auch nicht an Informationen über einen riesigen steinernen Bau, ein Wasserkraftwerk, das seit der Elektrifizierung der Gotthardlinie im Jahr 1922 in Betrieb ist. Da für Ausbau und Nutzung der neuen alpinen Bahnlinien immer mehr Energie benötigt wurde, verdreifachte sich die Energieerzeugung in den Neunzigerjahren des 20. Jahrhunderts. Turbinen und Generatoren wurden in eine riesige Kaverne verlagert. Auffangbecken, unterirdische Galerien, Wasserschloss, Druckstollen und Ableitung in die Reuss, alles wurde erneuert.

Die Landschaft wird immer wilder. Schwindelerregende Stege führen den Wanderer über Gebirgsbäche und Schluchten. Sogar Betonnischen wurden angelegt, Zufluchtsorte für den Fall eines Lawinenabgangs.

Ich bewundere die ursprünglich mit Eisengittern errichteten Eisenbahnbrücken. Etwa jene, die über die Reuss-Schlucht führt und 1972 renoviert wurde. Eine Tafel erklärt:

«Vielleicht ist mehr noch als der Gotthardtunnel diese Brücke das Symbol der Mission der Schweiz als Bindeglied zwischen Norddeutschland und Süditalien. Diese neutrale Verbindung hat besonders im Zweiten Weltkrieg eine wichtige Rolle gespielt und das Land möglicherweise vor dem Krieg bewahrt.»

Die Schweiz hat also angeblich eine Mission, die sie mittels einer Brücke vor Kriegen bewahrt. Sei's drum!

Flexible Netze fangen die Steine auf, schützen Autobahn und Gleise. Verglichen mit den früheren starren, aus Eisenbahnschwellen errichteten Barrieren halten sie wesentlich größere Brocken auf und können nach einem Steinschlag repariert werden.

1945 wurden die ebenerdigen Bahnübergänge auf der alten Strecke abgeschafft. Da die Züge schneller und schwerer wurden, mussten über hundert Brücken durch neue ersetzt werden. Den Erklärungen auf den Tafeln zufolge ist nur ein Viadukt unverändert geblieben. Er wurde lediglich verbreitert, um eine zweite Spur tragen zu können.

Hin und wieder schmückt ein Picknick- und Kinderspielplatz den Weg. Die elektrochemische Fabrik, an der ich vorbeilaufe, stammt aus dem Jahr 1899. Sie hat einst Carbid für die Gasbeleuchtung hergestellt, von der man sich bei der Umstellung auf Elektrizität verabschiedet hat. Heute beherbergt das Gebäude Werkstätten.

In dieser Gegend trat im August 1987 nach heftigen Regenfällen die Reuss über die Ufer und spülte über Hunderte von Metern Gleise und Straße fort. Wochenlang war die Strecke für den Verkehr gesperrt.

In der Schule hatte man uns das Prinzip der schraubenförmigen Rampe von Wassen erklärt. Die Lehrerin forderte uns auf, an dem Tag, an dem unsere Eltern uns eine Gotthardreise schenken würden, gut aufzupassen und beim Blick aus dem Fenster nach der Kirche von Wassen Ausschau zu halten. Einmal links, einmal rechts und wieder links. Es hat eine Weile gedauert, bis ich nicht mehr über diese wie Zauberei anmutende Meisterleistung gestaunt habe. Heute wandere ich an einer fast leeren Doppelspur entlang, der größten Industriebrache des Landes.

Beim Aufstieg Richtung Wassen überprüfe ich, was Goethe geschrieben hat:

«(…) schöner Wasserfall, etwas Baumtrocknis. Herrlicher Blick auf die Reuss, an einer alten Fichte und einem großen Felsen vorbei. (…) Die Felsmassen werden immer ganzer, ungeheurer. Echo. Sehr schlechter Weg, flacheres Bett der Reuss.»

Die Spuren, die der Bau der Eisenbahnlinie vor etwa hundertvierzig Jahren hinterlassen hat, sind größtenteils verschwunden, außer einigem von den Spreng- und Bohrarbeiten zurückgebliebenen Aushub. Vor der Elektrifizierung lief entlang der Gleise ein Kabel für telefonische und telegrafische Informationsübermittlung sowie zur Versorgung von Lautsprechern und Uhren. Die Kabelverteilerschränke und Relais waren in Häuschen untergebracht, die mit architektonischem Ideenreichtum entlang der Strecke errichtet wurden. Hier ein Chalet, dort eine Robinsonhütte, ein Pavillon, ein Kiosk. Auch sie sind heute Teil der Industriebrache.

«(…) unter Wassen», schreibt Goethe, *«grüne Matten mit Granitblöcken und geringen Fichtengruppen. Schöner mannigfaltiger Wasserfall, erst kleine Absätze, dann ein großer, dann teilt sich das Wasser in die Breite, sammelt sich wieder in der Mitte und trennt sich wieder, bis es endlich zusammen in die Reuss stürzt.»*

Der Aufstieg von Erstfeld nach Göschenen hat mich den ganzen Tag gekostet. Ich übernachte im Weißen Rössli. Beim Blick aus dem Fenster meines Zimmers habe ich die Landschaft vor mir, die der Reisende von 1779 beschreibt. Mit seiner klassischen Präzision vermag ich nicht mitzuhalten:

«Alles sieht fast grau umher aus von zerstreutem Granit, verwittertem Holz und grau gewordnen Häusern; man sieht noch etwas Kartoffelbau und kleine Gärtchen. Granitwände unzerstörlich scheinend. Verwitterter Granit. (...) Vorwärts steiles Amphitheater der Schneeberge im Sonnenlichte.»

Das so wild aussehende Land ist stark bewirtschaftet und arbeitsam

–Arthur Rimbaud (1854–1891)

Arthur Rimbauds Vater wurde 1814 in Dole geboren und starb vierundsechzig Jahre später am Morgen des 17. November 1878 in Dijon. In Dole hat ein Freund mir sein Haus an der Ecke Rue de Besançon und Rue de la Sous-Préfecture gezeigt. Jedes Mal wenn ich dort vorbeikomme, denke ich an jenen merkwürdigen Zufall: Am Tag, an dem sein Vater stirbt, schreibt Arthur Rimbaud seiner Familie (Mutter, Bruder und Schwester), um ihr mitzuteilen, dass er sich nach Ägypten einschiffen wird. Die Literaturwissenschaftler sind sich uneins, ob es sich dabei um den letzten Brief eines Schriftstellers oder den ersten eines Abenteurers handelt. Von Alexandria reist er nach Zypern, wo er eine Stelle als Bauleiter antreten wird.

In dem in Genua verfassten Brief vom 17. November 1878 beschreibt Rimbaud seine schwierige Reise von Charleville durch die Vogesen und über den Gotthard bis nach Italien. Diesen Brief nehme ich mit, um ihn unterwegs auf den Spuren des mittlerweile selbstbewussten Poeten erneut zu lesen. Mit fünfundzwanzig Jahren hat er statt der Literatur sein Leben gewählt.

Doch zunächst die Frage: Was geschah im Herbst 1878 in Göschenen, am Fuß des Gotthard? Seit 1872 hatte sich die Bevölkerung dieses Bergdorfes (in 1102 Metern Höhe) verzehnfacht. Dreitausend Einwohner, alle mehr oder weniger an der Bohrung eines Eisenbahntunnels durch den Berg beteiligt, die 1881 beendet sein wird. Die vor allem aus Italien stammenden Bergleute verteilen sich auf Airolo am Südportal und Göschenen am Nordportal. 15 Kilometer Granitstein trennen sie. Insgesamt fast viertausend Arbeiter unterstehen dem Genfer Ingenieur Louis Favre, der den Bauauftrag erhalten und im Vertrag eigenhändig die Geldstrafe festgelegt hat, die er für jeden Tag Verspätung zahlen muss. Ein unverbesserlicher Optimist, sagen die einen, ein gnadenloser Kapitalist, sagen die Arbeiter, die unter grauenhaften Bedingungen für ihn schuften: bei Temperaturen im Tunnelinnern von dreiunddreißig Grad, in Baracken zusammengepfercht. Dreihundertsieben von ihnen werden tödlich verunglücken, neunhundert an Krankheiten sterben, die sie sich auf der Baustelle zugezogen haben. Im Jahr 1875 organisieren die Anarchisten einen Streik, um Lohnzahlungen in bar zu fordern statt der bisherigen Ausgabe von Einkaufsscheinen für Waren, die ihnen ihr Arbeitgeber verkauft. Favre schickt die Miliz, die zuerst mit Bajonetten angreift, dann das Feuer eröffnet. Vier Tote, zehn Verletzte, die Streikenden werden des Landes verwiesen.

Die Gastwirte von Göschenen sind für ihren Geschäftssinn bekannt, der Rimbaud nicht entgeht. Ich habe Berichte von Kellnerinnen gefunden, die als Prostituierte angestellt waren. So erhält die fünfundzwanzigjährige Maria Zeder im Café dell'Unione durchschnittlich fünfzehn Franken pro Woche für ihre Dienste und muss die Hälfte davon an Frau Bücheli, Puffmutter und Besitzerin des Etablissements, abgeben. Der Tageslohn eines Arbeiters beträgt vier Franken. Für Unterkunft und Verpflegung schuldet er dem Gastwirt zwei Franken fünfzig und Favre dreißig Cent für das Öl seiner Grubenlampe.

Über all dies berichtet Rimbaud:

«In Göschenen, einem kleinen Weiler, der durch den Andrang der Arbeiter zu einem richtigen Dorf angewachsen ist, sieht man am Ende der Schlucht den Schlund des berüchtigten Tunnels, die Werkstätten und Kantinen des Bauunternehmens. Übrigens ist das so wild aussehende Land tatsächlich stark bewirtschaftet und arbeitsam. Wenn man einmal keine Dampfdreschmaschine in der Schlucht sieht, hört man fast überall Sägen und Hacken droben bei den unsichtbaren Höhen. Selbstredend beruht die Industrie des Landes vor allem auf Holz. Aber es gibt auch viel Bergbau. Die Wirte bieten einem mehr oder weniger kuriose Minerale, welche, wie man hier sagt, der Teufel auf den Gipfeln kauft, um sie dann in der Stadt zu verschachern.»

In Rimbauds Reisebeschreibung stoße ich auf eine kleine Verwechslung: Er legt die Teufelsbrücke noch vor Göschenen, obwohl sie sich hinter der Tunneleinfahrt befindet, 200 Meter höher, auf 1405 Metern in der Schöllenenschlucht, *«einem Ort von bemerkenswertem Schrecken»*, wie er schreibt.

Ohne diese Brücke, von der es heißt, sie sei im 12. Jahrhundert vom Teufel errichtet worden, der dafür die Seele eines jungen Mädchens verlangte, bevor sie dann 1595 in Stein erbaut wurde, gäbe es die Gotthardroute nicht. Und Goethe hätte sie im November 1779, genau neunundneunzig Jahre vor Rimbaud, nicht überqueren können. Der Brücke gegenüber steht ein Denkmal, dem der russische Präsident und der Schweizer Bundespräsident Anfang des 21. Jahrhunderts gemeinsam die Ehre erwiesen haben. Ein in die Granitwand gehauenes Kreuz erinnert an die Truppen von General Suworow, die hier die französische Armee vernichtet haben, was ein Text auf einer Emailtafel bezeugt: *«Dieser schlichte Platz und das nebenstehende Großgemälde von der Schlacht um die Teufelsbrücke ehren die hier am 25.9.1799 im harten Kampf gegen die Russen gefallenen französischen Soldaten unter General Lecourbe.»*

Zehn Jahre nach Rimbauds Reise reißt ein gewaltiger Eis- und Steinschlag die Brücke ein, weshalb ich heute über eine Rekonstruktion derselben laufe. Ich zögere, mich der schwindelerregenden Brüstung zu nähern.

Seitdem der Tunnel von Göschenen nach Airolo durch einen anderen, den sogenannten Basistunnel, ersetzt wurde und durch einen weiteren, in dem es oft zu Staus kommt, sind nun all diese Wunder der alpinen Bautechnik rund um die Teufelsbrücke der Nostalgie der Touristen überlassen. Die machen auf den Ausweichplätzen der Serpentinenstraße halt, um den *«bemerkenswerten Schrecken»* zu fotografieren.

Während ich nach einem für meine Knie verheerenden Aufstieg die Brücke überquere, spannen oberhalb der Schlucht zwei Akrobaten zwischen den Felswänden ein Kabel. Dann wagen sie es, einzig durch ein Seil gesichert, mit ausgestreckten Armen darüber zu laufen. Was treiben sie nur auf diesem Stahlkabel?

Von Göschenen bis Andermatt überwindet eine Zahnradbahn die Schluchten. Da sie vollständig überdacht ist, kann sie das ganze Jahr über fahren. Mir, dem Wanderer, bleiben nur der schmale Fußweg, mehrere Metalltreppen und die Überreste einer früheren Strecke. Ich entdecke die erstaunliche Alpenflora. In Felsspalten und auf dem Moos prangen winzige Blümchen in kräftigeren Farben als in der Ebene: leuchtendes Rosa, strahlendes Blau, blendendes Gelb. Rimbaud muss sie geliebt haben wie seine Vokale.

Nach zwei bergauf gehechelten Stunden erreiche ich die Hochebene von Andermatt. Plötzlich weitet sich der Blick, die Berge, die das ganze Jahr über schneebedeckt sind, bilden ein weites Rund. Endlich genug Luft zum Atmen! Eine Stunde später habe ich das andere Ende der Hochebene erreicht.

*

Im kühlen Morgengrauen nehme ich den eigentlichen Gotthardaufstieg in Angriff auf einem Weg, der von November bis Mai nicht befahrbar ist. Deshalb blieb Arthur auch nichts anderes übrig, als zu Fuß durch den Schnee zu laufen:

«Die Straße, die kaum sechs Meter breit ist, wird zu ihrer Rechten von einer annähernd zwei Meter hohen Schneewand gesäumt, die immerzu einen ein Meter hohen Schneeriegel auf die Straße absacken lässt, durch den man sich hindurchschlagen muss, während um einen herum das fürchterlichste Eisgestöber tobt. Dort gibt es keine Schatten mehr, weder oben noch unten, und auch rings umher nichts, obgleich wir von riesigen Dingen umgeben sind; keine Straße mehr, keinen Abgrund, keine Schlucht, keinen Himmel: nichts als Weiße zu wähnen, zu berühren, zu sehen oder nicht zu sehen, denn unmöglich, die Augen von der weißen Schererei abzuwenden, von der man glaubt, es sei die Mitte des Pfades,

unmöglich die Nase in diesen heftigen Wind zu recken, wo doch die Wimpern und der Schnurrbart bereits Stalaktiten sind und das Ohr aufgerissen, der Hals geschwollen. Ohne den Schatten, der man selbst ist, und ohne die Telegraphenmasten, die dem vermeintlichen Weg folgen, wäre man so aufgeschmissen wie ein Pierrot im Ofen.»

Ah, die Telegrafenmasten! Noch heute bilden sie die Anhaltspunkte, denen man mit den Augen folgen kann. Mangelt es Arthurs Brief an seine Lieben an literarischen Qualitäten? Darf man beim Durchqueren Europas nicht mal die Poesie beiseitelassen? Raymond Perrin hat eine Auswahl an Kommentaren zu diesem Brief veröffentlicht, hier einige Perlen. Die weisen Äußerungen von Maurice Blanchot, René Char und Gérard Macé erspare ich Ihnen.

1952 schreibt Georges Duhamel: *«Wer die Korrespondenz liest, erlebt die Agonie des Dichters, erlebt die Agonie des Rimbaudschen Stils. Der nach der Gotthardreise verfasste Brief ist wie der höchste Funke dieses magischen Brandes.»* Und Michel Butor 1989:

«(...) die Überquerung selbst ist dann wie der initiatische Übergang vom Leben zum Tod (und erinnert an das ägyptische Totenbuch oder an das tibetanische Totenbuch, den ‹Bardo Thos-grol›). Wenn es bei Rimbaud eine Grenze zwischen zwei verschiedenen Leben gibt, wie manche Historiker behaupten, dann liegt sie hier, in diesem Durchgang durch das Weiß, wobei auch an die für das Schreiben so grundlegende weiße Seite zu denken ist.»

Erdrückt von all den weisen Bemerkungen, möchte ich meinerseits behaupten, dass vermutlich nur die, die Rimbauds Strecke zu Fuß zurückgelegt haben oder sie eines Tages, so wie ich, wegen des Schnees auf später verschieben mussten, diesen Brief eines einsamen Wanderers auf seiner Erstürmung der Festung Europas zu schätzen wissen. Hier nehmen alle Flüsse, denen ich gerne folgen würde, ihren Anfang: die Rhone Richtung Mittelmeer, die Reuss (durch Aare und Rhein) Richtung Nordsee, der Inn (durch die Donau) zum Schwarzen Meer, der Tessin (durch den Po) zur Adria. Ein Wasserschloss ist durchaus ein literarisches Luftschloss wert. O Zeiten, o Schlösser!

Der Gipfel des Passes ist zu einer großen Parkfläche geworden, auf der Touristen und ihre Cabrios, Urlauber und ihre Wohnmobile, Motorradfahrer mit Integralhelmen Zwischenstation machen. Ein Museum erfasst die Reisenden vergangener Zeiten: Zwingli, den Reformator, Cellini, den Bildhauer, Louis-Philippe, den künftigen französischen König, Volta, den Physiker, Balzac im Jahr 1838. Bis zum 18. Jahrhundert glaubten alle Europäer, die Berge rings um diesen Pass seien die höchsten des Kontinents, höher als der Mont Blanc. Sie einmal aus der Nähe gesehen zu haben, hielten sie für eine notwendige Erfahrung im Leben eines Gläubigen. Seit 1620 haben die Mönche im Hospiz sie unentgeltlich aufgenommen, ihnen schauerliche Sagen erzählt. Heute kostet alles etwas: das Hospiz, das Museum und ein Nobelhotel in einer ehemaligen Kaverne, in der die Schweizer Armee einmal geplant hatte, im Fall eines Angriffs ihren Generalstab in Sicherheit zu bringen.

Für den Abstieg durch das Val Tremola nutze ich die alte Pflasterstraße, die vierundzwanzig Haarnadelkurven zählt. 1830 erbaut, hat sie den Saumpfad ersetzt, den ich beim Aufstieg genommen habe. Seit mindestens 1220 war er der Verbindungsweg zwischen Zürich und Mailand.

Seit 1882 strömte der Reiseverkehr sommers wie winters durch den Eisenbahntunnel. Im Lauf des 20. Jahrhunderts wurde die Passstraße mehrfach erneuert, wurden neue Brücken und Galerien angelegt, um immer schwereren Lastwagen die Durchfahrt zu ermöglichen.

1980 ersetzt dann die Autobahn auch diese Straße. 2016 wird der Verkehr nochmals von der Eisenbahn gekapert, mit der Eröffnung des Tunnels, der sich nicht um den Gotthard schert und die deutsche Schweiz ohne Umweg über die Berge mit dem Tessin verbindet. Der schöne Slogan der rebellischen Zürcher Jugend ist also im Begriff, Wirklichkeit zu werden: «Nieder mit den Alpen! Freie Sicht aufs Mittelmeer!»

In 2091 Metern Höhe überschreite ich den Pass. Ab hier wird Italienisch oder Tessiner Dialekt gesprochen. 900 Meter tiefer auf den Höhen von Airolo angekommen, betrachte ich die raffinierte Verflechtung zu meinen Füßen, ein verstopftes Autobahnkreuz. Bestimmt stört das anhaltende Hintergrundgeräusch die Murmeltiere. Ich höre sie pfeifen. Arthur, hast du sie geweckt?

Der Anarchist und die Globalität

– Élisée Reclus (1830–1905)

Zwischen Airolo und Anzonico soll die Strada Alta am Berghang entlanglaufen. Schaut man genauer hin, liegt kaum mehr als ein Kilometer zwischen den Gebirgsbächen, die diese Höhenroute kreuzen. Mitunter läuft nur ein Rinnsal durch eine Felsspalte an der Ostflanke der Leventina, jenes Tales, durch das der Tessin fließt. Manchmal aber auch eine Schlucht, in die man hinuntersteigen muss, um auf der anderen Seite wieder hochzulaufen. Im Winter versperren häufig entwurzelte Bäume das Bachbett.

Und das ist nicht alles, selbst dort, wo die Strada Alta durch Wälder führt, passiert es nicht selten, dass einem abgerutschte Erde oder Geröll, die weiter oben in Fahrt gekommen sind und beim Abgang die Vegetation mitgerissen haben, den Weg abschneiden. Diese Bergflanke ist immer wieder Erdrutschen ausgesetzt. Die Bewohner haben gelernt, damit zu leben, halten die abstürzenden Massen mit stufenweise errichteten Hindernissen auf, kommen ihnen durch Sprengungen zuvor oder kanalisieren sie mittels dicker Mauern.

Wandert man im Sommer über die Strada Alta, sollte man möglichst die Morgenstunden nutzen, in denen die gesamte Bergflanke noch im Schatten liegt. Ich laufe von Airolo 200 Meter aufwärts bis zur Zwischenstation einer Bergbahn, die das Tal mit den höher gelegenen Alpen verbindet. Nach zwei am Hang gelegenen Dörfern, Blockhäuser wie im Wallis mit an den Ecken kreuzweise übereinander gelegten Balken, mache ich eine Pause in der mit romanischen Fresken dekorierten Kapelle San Martino. Die Fresken stammen aus dem 10. Jahrhundert. Der Heilige Martin auf seinem stolzen Schimmel, seinen Mantel zerschneidend. Ein Dokument von 1237 belegt, dass mein Wanderweg einst von Trägern benutzt wurde, deren Tarife und Verhaltensregeln strengen Vorschriften unterlagen.

Jedes Dorf liegt auf einer Lichtung, ansonsten zieht sich der Weg zwischen Tannen, Lärchen und Kastanien dahin. Aus der Leventina steigt anhaltendes dumpfes Brummen herauf: der Autobahnverkehr. Nachdem ich mehrere senkrechte Furchen überquert habe, in denen Wildbäche den Berg hinabstürzen, muss ich an Höhe verlieren, um wieder leichter zu einem kleinen Plateau aufsteigen zu können, wo sich das Dorf niedergelassen hat, in dem ich zu übernachten gedenke. Das Hotel, das mehrere Zimmer mit Dusche auf dem Flur anbietet, wird seit über zwanzig Jahren von einem sympathischen Hotelier geführt, für den dies die letzte Saison ist. Niemand will das Ristorante Marti übernehmen.

Ich bin nicht der einzige Gast. Eine junge, knapp zwanzigjährige Frau kommt aus der Gegenrichtung, ist auf dem Heimweg nach Thun. Sie ist es gewohnt, allein zu wandern, hat es monatelang auf den Straßen Asiens getan und wirkt naiv und erfahren zugleich. Ihr Rucksack wiegt fünfmal so schwer wie meiner. Notfalls schläft sie unter freiem Himmel. Bewundernswert.

Abends in meinem Zimmer, das an einem sanft murmelnden Brunnen liegt, interessiere ich mich für das hübsche Büchlein mit dem Titel «Les Alpes» von Élisée Reclus, ein Auszug aus seinem 1869 erschienenen anspruchsvolleren Werk: «La Terre, Description des phénomènes de la vie du globe».

Der Geograf Reclus hat mich zunächst wegen seiner anarchistischen Ideen fasziniert und wegen des Begriffs der Globalität, der das Gegenteil unserer Globalisierung meint. *«Globalität, das heißt (…) reale Freiheit, die nicht mehr das Vorrecht einiger Weißer sein wird, sondern das Recht aller Menschen.»*

Reclus beginnt mit einer Art Rätsel:

«Da jedes Jahr im Durchschnitt mindestens 10 Meter Schnee auf die Alpengipfel fallen, müsste dieser Schnee, selbst zu hartem Firn zusammengepresst und komprimiert, die Gipfel pro Jahr um mindestens 100 Meter und alle tausend Jahre um 1000 Meter aufstocken.»

Nach dieser Feststellung erklärt Reclus nacheinander die einzelnen Naturphänomene, die bewirken, dass der ewige Schnee auf den Gipfeln unsere Berge nicht anwachsen lässt. Stimmt eigentlich, warum sollte das Matterhorn bei allem, was da oben niedergeht, nicht immer höher werden?

Die erste Naturgewalt, die zum Abbau der Schneeschicht führt, ist der Wind:

«Auch die kalten Winde tragen dazu bei, indem sie den lockeren Schnee aufwirbeln und ihn auf die tiefer gelegenen Hänge rieseln lassen, wo eine höhere Durchschnittstemperatur herrscht. (…) Durch einen einzigen Wintersturm werden mehrere Millionen

Kubikmeter Schnee von den hohen Berggipfeln in die Niederungen hinabgetragen, was von unten gut zu sehen ist, wenn die vom Wind gepeitschten Gipfel wie Krater dampfen und wegen der sich verteilenden Moleküle zu schwanken scheinen. Die Schneeverwehungen machen die Schönheit der weichen, weißen, im Sonnenlicht glänzenden Rundungen aus. (...) Mehr noch als Schneestürme bewirken aber die warmen, trockenen Winde eine Verminderung der auf den Gipfeln lastenden Schneemassen. So bringt der von den Schweizern als Föhn bezeichnete Wind bisweilen innerhalb von zwölf Stunden eine Schneeschicht von einem dreiviertel Meter Höhe zum Schmelzen oder Verdunsten. Er ‹frisst den Schnee›, wie es so schön heißt, und bringt den Frühling in die Höhen. Nach der Sonne ist es der Föhn, der den größten Einfluss auf das Alpenklima hat. Laut Berechnungen können die Sonnenstrahlen bis zu 50 oder sogar 70 Zentimeter Schnee am Tag zum Schmelzen bringen.»

Die zweite den Schnee abtragende Naturgewalt ist der Regen oder sind ganz allgemein die Temperaturschwankungen. Die dritte Naturgewalt, auf die Reclus eingeht, ist die Lawine, deren Auswirkungen man beim Wandern entlang einer Bergflanke sehen kann.

«Aber nicht auf diesem langsamen Weg allein wird der Schnee der Hochgebirge vermindert; er wandert auch selbst in die Täler hinab und erliegt dort dem Einfluss der Wärme. Die Schneemassen, die in dieser Weise von den Hängen herabstürzen, sind die Lawinen. (...) Man schätzt, dass am Gotthardmassiv, auf einer 32 400 Hektar großen Fläche, jedes Jahr 325 Millionen Kubikmeter Schnee herabstürzen.»

Was mir an diesen Erklärungen gefällt, ist Élisée Reclus' nüchterner Blick auf die abrutschenden Schneemassen. Sie machen ihm keine Angst, er schildert sie als das unaufhörliche Schauspiel der Landschaft. Sein Buch enthält keine Offenbarungen, es zeugt lediglich vom gesunden Menschenverstand eines Geografen. Unsere Alpenliteratur dagegen ist voller furchterregender Geschichten von unter Lawinen oder Erdrutschen begrabenen Bergbewohnern. Die Geschichten von Ramuz, Gotthelf oder Giovanni Orelli zum Beispiel stellen die Ablösung von Teilen eines Berges als außerordentliches, geheimnisvolles, ja sogar übernatürliches Ereignis dar. Sie bräuchten jenen kühlen Blick, der zunächst die Ursachen benennt, bevor er entsetzt auf das angebliche Treiben von im Gebirge kegelnden Göttern oder Teufeln reagiert.

Reclus' kluge Beschreibungen tun mir gut. Sie sensibilisieren einen für die Schönheit der Naturphänomene: die Federbüsche aus Schnee, die man vom Tal aus auf einem Berggrat erblickt. Oder *«diese plötzlichen Katarakte»* aus Pulverschnee und Eisblöcken, deren Ächzen und Getöse mit Verzögerung ans Ohr desjenigen dringt, der an der gegenüberliegenden Bergflanke entlangwandert. Ich unterschätze keineswegs das Grauen, unversehens unter mehreren Tausend Kubikmetern Schnee begraben zu werden, ich möchte mich lediglich daran erinnern, dass es das Wasser, das all die von mir überquerten Gebirgsbäche hinabfließt, nicht gäbe ohne die Kräfte, die eine Schneeschmelze zu einem Naturphänomen machen, auch wenn es diesem mitunter an Behutsamkeit fehlt.

*

Am nächsten Tag setze ich meine Wanderung entlang der Strada Alta fort. Am Ende des Dorfes, in dem ich übernachtet habe, scheinen unter penetrant riechenden Kastanien ein paar weiße und braune Lamas diese europäischen Höhen zu genießen. Ich durchquere mehrere Bachfurten, in denen umgestürzte Baumstämme vermuten lassen, dass Lawinen sie wie Streichhölzer durcheinandergewirbelt haben. Die noch im Boden verwurzelten Bäume wurden bis auf einen Meter gestutzt und ihre Rinde abgezogen, damit diese hohen Baumstümpfe die nächsten Erdrutsche bremsen.

Ich verweile bei einigen Walderdbeeren und Haselnüssen. Die Pilze überlasse ich anderen. Nicht alle Schönheiten der Natur begeistern mich. Zum Beispiel Bremsen rund um eine Wasserstelle, Brennnesseln, die einem die nackten Waden zerstechen, Mücken und Spinnweben im Gesicht. Die können einem die Laune verderben. Bevor ich einen Geröllhang hinunterlaufe, mache ich mich vorsorglich bei den Schlangen bemerkbar. Es heißt zwar, sie seien taub, aber angeblich mögen sie die sich von Stein zu Stein übertragenden Schwingungen nicht.

Noch ein paar Schluchten sind zu durchqueren, bei keiner aber muss ich die Tausend-Meter-Grenze unterschreiten. Hier und da wurde der Pfad infolge eines Erdrutsches umgeleitet, so auch hinter einem Weiler, dessen dicht am Abgrund aufragenden Kirchturm ich bewundere.

Endlich Anzonico! Auf einer Kneipenterrasse traditionelle Polenta mit Schmorbraten. Der Hotelier beschwert sich über seine holländischen Gäste, die auf ihr Zimmer gehen, um dort den von zu Hause mitgebrachten Proviant zu essen. «Als wäre das hiesige Brot ungenießbar.» An der gegenüberliegenden Bergflanke krönen weiße Gipfel ein Panorama aus Steilhängen. Schöne Silhouette im Nachmittagslicht. Wer weiß, seit wann die umliegenden Gipfel keine Gletscher mehr tragen?

*

Zum Abschluss des Tages noch eine Passage von Reclus. Er erklärt, dass die Völker Europas ihre Kulturen dem Alpenrelief und ihrer Verteilung verdanken. Und warum? *«Weil dort die Gletscher liegen, die den großen europäischen Flüssen, Gestaltern des Lebens der Völker, ihre Form geben.»* Gut beobachtet, Élisée.

Eine Büchse mit verdorrten Blumen

– Max Frisch (1911–1990)

Für die Strecke von Anzonico bis Biasca habe ich Max Frisch und seinen quasi autobiografischen Roman, «Der Mensch erscheint im Holozän», mitgenommen. Darin malt er sich aus, wie ein einsamer alter Mann während eines Unwetters in einem Dorf im Tessin festsitzt. Max Frisch besaß ein Haus in einem noch wilderen Tal als die Leventina, zog sich immer häufiger dorthin zurück, verkündete aber zugleich, er werde sich bald davon trennen. In diesem Buch hatte mich folgende Äußerung verblüfft: *«Katastrophen kennt allein der Mensch, sofern er sie überlebt; die Natur kennt keine Katastrophen.»* Das klingt nach Reclus' Philosophie: Wir Menschen begreifen Erdrutsche und Lawinen nicht als Naturphänomene, sondern als Katastrophen.

Frisch hat es verstanden, vom Tessin weder als Einheimischer zu erzählen noch als Tourist, sondern als Deutschschweizer Nomade in einer italienischsprachigen Region, in die er sich verliebt hat und deren Sitten und Bräuche er mit großer Sympathie beobachtet.

Meine erste Pause mache ich an der Sant'Ambrogio geweihten Kapelle. Nach dem Schlüssel brauche ich nicht zu fragen, sie ist offen. Ihre halbkreisförmige Apsis stammt aus dem 13. Jahrhundert. Innen und außen naive, ergreifende Fresken. Sämtliche Münder (von Heiligen, Engeln oder Jüngern) haben die gleiche Form. Vor Zerstörung vermochten sie das Dorf nicht zu bewahren. Die Lawine vom

19. Juni 1667 hat achtundachtzig Todesopfer gefordert. Alles wurde an derselben Stelle neu aufgebaut. Die Natur kennt keine Katastrophen.

Langer Spaziergang durch einen Wald aus riesigen, mehrere Jahrhunderte, teils sogar Jahrtausende alten Kastanien. Wollte man ihren Stamm umfassen, müsste man sich zu viert an den Händen halten.

La Strada Alta führt durch einige verlassene Gegenden. Deren Beschreibung überlasse ich Frisch:

«Man findet Ruinen von steinernen Ställen, das Gebälk eingestürzt, die Mauern stehen noch im Geviert, im Innern wuchern Brennnesseln unter dem freien Himmel und es rührt sich nichts. Es bellt kein Hund. Andere Ställe, die noch nicht eingestürzt sind, stehen offen; tritt man ein, so riecht es fast noch ein wenig nach Heu, der Mist der Ziegen ist vertrocknet, fast versteinert.»

Und hin und wieder finden sich Überreste einstiger Frömmigkeit. Noch einmal Frisch:

«Da und dort eine kleine Kapelle; die verblichene Muttergottes hinter einem verrosteten Gitter und eine Büchse mit verdorrten Blumen davor, Fresken unter dem Vordach, zum Teil zerstört, da die Ziegen sich den Salpeter von den Mauern lecken.»

Ein Deutschschweizer hat dieser Strecke zu neuen Ehren verholfen. An einem Haus eine Tafel: Dr. h. c. Ernst Müller aus Schaffhausen, Initiator und Förderer der Strada Alta. Ohne ihn wären die runden Pflastersteine, über die die Träger am Gotthard jahrhundertelang gestolpert sind, unter Farnen und Brennnesseln verschwunden.

Beim Blick nach oben entdecke ich zwischen den Bäumen an dem der Leventina gegenüberliegenden Hang mindestens ebenso viele Geröll- oder Lawinenschneisen wie auf dieser Seite. Die vielen parallelen vertikalen Linien, die den Berg schraffieren, strukturieren ihn wie ein Gemälde von Ferdinand Hodler. Ein Raubvogel fliegt mit wenigen Flügelschlägen von einem Hang zum anderen. Ich hüte mich, daraus einen Adler zu machen. Frisch sagt es:

«Sommergäste aus der Großstadt, die auf ihren Wanderungen einen Adler gesehen haben wollen, sind nicht ernst zu nehmen; der letzte Adler, der dieses Tal beflogen haben soll, hängt seit dem Ersten Weltkrieg in einer verrauchten Wirtsstube.»

Von Sobrio aus führt der Weg erst sanft, dann steil bergab. Mehr als einmal muss ich mich an Zweigen festhalten, um nicht abzurutschen. Bin Frisch dankbar, dass er festgestellt hat:

«Meistens denkt man im Gehen gar nichts. Wichtig ist der nächste, der übernächste Tritt, damit man nicht den Fuß verstaucht, damit die Knie nicht knicken, damit man nicht plötzlich ausrutscht. Der Schirm als Wanderstock ist keine Hilfe, oft rutscht er von den Steinen ab und ist keine Stütze, wenn der Tritt nicht sicher ist. Es bleibt ein guter Pfad, nur da und dort im Gestein sind die Stufen zu hoch, wenn einer schon weiche Knie hat.»

Der Abstieg nach Pollegio, dessen Dächer sich am Fluss Tessin entlangziehen, führt über mehrere Hundert Stufen, von denen aus man am gegenüberliegenden Hang

Steinbrüche bewundern kann, aus denen riesige Granitblöcke geschlagen werden. Die vertikal und horizontal verlaufenden Abbruchspuren lassen den menschlichen Eingriff erkennen. Die Natur kennt keine rechten Winkel.

Das Wandern in der Ebene, am Fluss entlang, bedeutet Erholung für meine schmerzenden Knie. Ich erreiche Biasca, das am Treffpunkt dreier sich aus den Alpen ergießenden Tälern liegt. Der Hauptfluss Tessin schwillt hier eindrucksvoll an. Im Jahr 1512 hat ein Erdrutsch den Ort vollständig zerstört. Eine weitere Katastrophe für die Menschen.

Dem Bundesamt für Statistik zufolge ist Biasca das Dorf im Kanton Tessin mit den meisten Atheisten. Wie viele sind es auf fünftausendsiebenhundert Einwohner? Eine Übernachtung vor Ort erlaubt mir nicht, die Frage zu beantworten. Während der Bohrung des Basistunnels, der hier begann, arbeiteten auf der Baustelle zahlreiche Südafrikaner. Haben sie sich bei ihrer Anmeldung als konfessionslos deklariert?

*

Zwischen Biasca und Bellinzona über 25 Kilometer eine flache Strecke am Fluss entlang. Der trägt seinen Namen zu Recht: «Tessin» (im Dialekt «Tisín») bedeutet großes Gewässer. Der Pfad verläuft genauso schnurgerade wie das Wasser, wie die Autobahn, wie die Kantonsstraße, wie die Eisenbahnlinie. Parallele Bahnen ohne Hindernisse. Besonders für den Fluss, den man glaubte, kanalisieren zu müssen, wodurch er nur noch schneller und gefährlicher wurde. Mehr als einmal hat er das Delta an der Einmündung in den Lago Maggiore überschwemmt. Seitdem die Natur nicht mehr intakt ist, produziert sie neue Katastrophen.

Die Dörfer in diesem Talstück namens Riviera liegen hinter dem Wald verborgen. Das einzige, was ich durch die Pappeln hindurch erkenne, hat Frisch beschrieben, in seinem klaren Stil, der mich oft berührt hat:

«Ab und zu ist ein Helikopter zu hören und zeitweise zu sehen; ein Bündel von Balken pendelt an einem Drahtseil, irgendwo im Tal wird gebaut. Eine halbe Minute lang flattert sein Schall über dem Dorf, so dass man keine Stimme versteht; kaum ist er hinter dem Wald verschwunden, so ist Stille. Wie im Mittelalter. Minuten später knattert er zurück, jetzt in einem kürzeren Bogen, und holt eine nächste Ladung, eine Tonne voll Zement. Sonst ereignet sich wenig.»

Nach etwa 10 Kilometern im Schatten des Auwaldes wechsle ich vom rechten zum linken Ufer. Auf dieser Seite läuft der weniger geschützte Wanderer durch Materiallager, an stillgelegten Fabriken und mehr oder weniger gepflegten Fußballplätzen vorbei. Dann tut der Wald abermals so, als sei er Wildnis. Als ich mich der Stadt nähere, begegnen mir Spaziergänger und ihre Hunde, aber auch ein paar eilige Jogger in lebhafter Unterhaltung. Ich schnappe ein paar Gesprächsfetzen auf. Es geht um Gehälter, soziale Medien und Pudeldiät.

Am Horizont kündigen drei übereinander liegende Burgen Bellinzona an. Ich habe die Hauptstadt des Tessins erreicht.

Zehntausend Briefe an seine Leser

– Hermann Hesse (1877–1962)

Von Bellinzona bis Lugano 27 ziemlich anstrengende Kilometer. Ein Anstieg über insgesamt 1400 Höhenmeter, die man am Ende wieder hinunterläuft, um zum See zu gelangen. Als Wanderbegleitung habe ich Hermann Hesse gewählt, einen Deutschen, der über die Hälfte seines Lebens im Tessin verbracht hat. Neben der Liebe zum Süden hat er auch einen Hang zur Exotik gepflegt. Wegen oder trotz Hesse haben die reichen Deutschen seit Ende des Zweiten Weltkrieges das Tessin überflutet. Anders als für Frisch, der trotz eines zuweilen ironischen Untertons nie vergisst, dass er sich hier im selben Land befindet wie in Zürich, ist für Hesse die Schweiz ein zum Mythos verklärter Süden fern der kalten deutschen Ebenen.

Mit zweiundzwanzig Jahren lässt er sich als Buchhandlungsgehilfe in Basel nieder. Sechs Jahre später, 1905, zieht er an den Bodensee. 1912 wohnt er in Bern im Haus eines Malers. 1916 unterzieht er sich wegen seiner Depressionen einer Psychotherapie bei Carl Gustav Jung. Ab 1919 lebt er im Tessin, oberhalb von Lugano. Dort bleibt er bis zu seinem Tod mit fünfundachtzig Jahren. 1946 erhält er den Nobelpreis. Da er mittlerweile Schweizer geworden ist, gilt er als der zweite aus der Schweiz stammende Literatur-Nobelpreisträger nach Carl Spitteler, der 1919 diese Auszeichnung erhielt. Nach beiden Weltkriegen hat man den Nobelpreis einem Schriftsteller aus einem neutralen Land verliehen, vermutlich um ihn nicht einem Vertreter eines kriegsführenden Landes geben zu müssen.

Seinen Lebensabend hat Hesse damit verbracht, um die zehntausend Briefe an seine Bewunderer zu schreiben, die ihn um Rat in Lebensfragen baten. Über dreitausend Aquarelle hat er gemalt, um das Tessin zu würdigen. Ich erinnere mich, dass Thomas Mann seinen Lebensstil mit dem Hinweis rechtfertigte, sein Leben sei viel anstrengender als das anderer Menschen. Er habe somit das Recht, es sich durch Luxus zu erleichtern. Diese Haltung pflegte auch Hesse. Er, den seine Mäzene großzügig unterstützten, schreibt:

«Mir das Leben leicht zu machen, habe ich leider niemals verstanden. ‹Eine› Kunst aber ist mir immer zu Gebote gestanden: die Kunst schön zu wohnen. Seit der Zeit, da ich meinen Wohnort mir selbst wählen konnte, habe ich immer außerordentlich schön gewohnt, zuweilen primitiv mit sehr wenig Komfort, aber immer habe ich eine charakteristische, große, weite Landschaft vor meinen Fenstern gehabt.»

In der Tat, sobald man im Tessin bei schönem Wetter auf einen See schaut, erscheint einem das Leben leichter und das Paradies näher. Aber erst einmal muss ich bergauf wandern, um seinen Norden zu verlassen.

In einem Text von 1918, «Bergpass», schildert Hesse diesen Weg nach Süden:

«Noch hat mein Blick die Wahl, noch gehört ihm Nord und Süd. Nach fünfzig Schritten wird nur noch der Süden mir offenstehen.

Wie atmet er geheimnisvoll aus bläulichen Tälern herauf! Wie schlägt mein Herz ihm entgegen! Ahnung von Seen und von Gärten, Duft von Wein und Mandel weht herauf, alte heilige Sage von Sehnsucht und Romfahrt.» Und weiter unten: *«Reiserausch meiner ersten Südenfahrt, trunkenes Einatmen der üppigen Gartenluft an den blauen Seen, abendliches Hinüberlauschen über erblassende Schneeberge in die ferne Heimat!»*

Um in den Genuss dieser Art von Landschaft zu kommen, überquere ich einen Gebirgspass, von dem aus ich einen letzten Blick in die Ebene von Bellinzona werfe. Dann wandere ich abwärts bis zu den Kasernen, in denen die Schweizer Armee ihre Grenadiere ausbildet. Deren Lager ist für Kriegsübungen eingezäunt. In der Kneipe spielen die Alten aus dem Dorf Scopa, brüllen im Tessiner Dialekt, während sie ihre Karten auf den Tisch knallen. Die Deutschschweizer Soldaten kapieren nichts.

Jenseits des engen Tales geht es wieder bergauf, bis endlich in der Ferne der Luganer See in Sicht kommt, der teilweise schon zu Italien gehört. Das hoch gelegene Gola di Lago ist kein echter See mehr, nur noch ein einigermaßen festes Moor, in das man sich aber nicht hineinwagen darf. Schöner Abstieg nach Lugano: Birken, Buchen, Linden, Kastanien.

Auf dem Weg zur Stadt laufe ich durch Wohngebiete, in denen die Häuser mehr oder weniger gelungen am Hang sitzen, die Autos sich durch die Gassen schlängeln und den Wanderer zwingen, sich an Mauern zu drücken. Einige Dorfhäuser hat man erhalten, um den volkstümlichen Charakter nicht ganz zu zerstören, aber viel ist das nicht angesichts der Zersiedelung eines ganzen Landstrichs. Der, der sich als Erster hier eingenistet hat, hasst den, der nach ihm kommt und ihm womöglich die Sonne oder den Seeblick stiehlt. Der, der sich an einem hübschen Haus, umgeben von einem Park mit Palmen, Feigen- und Kakibäumen, erfreut hat, schimpft auf den nächsten, der angeblich bloß ein Tourist ist. In einem Artikel für eine deutsche Zeitung übt sich Hesse in einer Ironie, die man auch als Selbstironie verstehen könnte. Der Titel lautet «Die Fremdenstadt im Süden»:

«Der wohlhabende Großstädter verlangt für den Frühling und den Herbst einen Süden, der seinen Vorstellungen und Bedürfnissen entspricht, einen echten Süden mit Palmen und Zitronen, blaue Seen, malerische Städtchen, und dies alles war ja leicht zu haben. Er verlangt aber auch außerdem Gesellschaft, verlangt Hygiene und Sauberkeit, verlangt Stadtatmosphäre, verlangt Musik, Technik, Eleganz, er erwartet eine dem Menschen restlos unterworfene und von ihm umgestaltete Natur, eine Natur, die ihm zwar Reize und Illusionen gewährt, aber lenkbar ist und nichts von ihm verlangt, in die er sich mit allen seinen großstädtischen Gewohnheiten, Sitten und Ansprüchen bequem hineinsetzen kann.»

*

Nachdem ich einen Abend lang auf der Promenade am Luganersee Tourist gespielt habe, unternehme ich im Morgengrauen den steilen Aufstieg zum Monte San Salvatore. Ein paar trainierende Sportler, die sich die Lunge aus dem Leib husten, überholen mich. Um von 270 auf 913 Höhenmeter zu kommen, hätte ich die Seilbahn nehmen können, die Asiaten und Deutsche auf der schmalen Terrasse absetzt, auf der sich einem ein Panorama aus Seen und Alpengipfeln bietet. Um die Wette werden Selfies gemacht.

Ein paar Hundert Meter weiter ist der Wanderer wieder allein auf seinem Weg hinunter zum Restaurant Pan Perdü, dessen «verlorenes Brot» allerdings ein Kuchen ist, für den man Brotreste in einer Flüssigkeit einweicht, deren Geheimnis Großmütter hüten.

Unterwegs habe ich zwei kleine Dörfer bewundert, die durch den Hang und ein paar kluge Vorschriften vor Spekulanten geschützt sind. Für den Abstieg zum See gibt es drei Möglichkeiten. Ich wähle die am wenigsten genutzte, aber als ich mich dem Ufer nähere, tauchen dichtgedrängt arrogante Luxusvillen hinter mit Kameras gespickten Hecken auf. Nur das Ufer ist für Spaziergänge ausgebaut. Am nächsten Tag wird mich das Schiff zur anderen Seeseite bringen. Hesse braucht es nur noch zu beschreiben:

«Dort fahren niedliche Dampfer über den See und elegante Wagen auf der Straße, überall tritt der Fuß auf Asphalt und Zement, überall ist frisch gefegt und gespritzt, überall werden Galanteriewaren und Erfrischungen angeboten. (...) man drückt frischgewaschene Hände, lädt einander zu Erfrischungen ein, ruft zwischenein am Telephon die heimatlichen Firmen an, bewegt sich nett und angeregt zwischen netten, gutgekleideten, vergnügten Menschen. Auf Hotelterrassen hinter Säulenbalustraden und Oleanderbäumen sitzen berühmte Dichter und starren mit sinnendem Auge auf den Spiegel des Sees (...). Vor dem Hotel erlischt langsam im Abend die Blumenpracht. Da

stehen in Beeten, zwischen Betonmauern dicht und bunt die blühendsten Gewächse, Kamelien und Rhododendren, hohe Palmen dazwischen, alles echt und voll dicker kühlblauer Kugeln die fetten Hortensien.»

Erforschen, welches Volk am besten geht

– Honoré de Balzac (1799–1850)

Am einen Ende der Schweiz lag Porrentruy, am anderen werde ich in Chiasso auf die südliche Landesgrenze stoßen. Im Norden bin ich in der Nähe der französischen Grenze aufgebrochen. Dort hätte ich erzählen können, was sie im Ersten Weltkrieg bedeutete, als mein Großvater sie als Soldat vor möglichen Eindringlingen schützen musste, zu denen sein eigener Bruder gehörte, der unmittelbar auf der anderen Seite stationiert war.

Heute kommt die vermeintliche Bedrohung aus dem Süden. Das Grenzgebiet bei Chiasso ist die Durchgangszone für Migranten aus Syrien, Libyen und anderswo. Sie versuchen, nach Nordeuropa zu gelangen. Um sie daran zu hindern, durchkämmen die Zollbeamten die Gegend, verlangen die Ausweise von all denen, die nicht aussehen, als seien sie von hier, weisen die von Kriegen und Elend vertriebenen Menschen ab oder schicken sie mit Sonderflügen zurück nach Hause.

In Chiasso werden mir in der letzten Nacht meiner kreuzweisen Schweizdurchquerung die Drohnen den Schlaf rauben. Im Dunkeln werden sie die Straßen der Stadt überfliegen, die Gehwege absuchen, dicht an den Fassaden entlanggleiten. Wenn sie sich dem offenen Fenster nähern, werde ich sie für die brummenden Rotoren eines Hubschraubers halten. Ist das der Preis für die Ruhe im Land? Wem gibt der gesetzestreue Schweizer, der mitten in der Nacht von den Gesetzeshütern geweckt wird, die Schuld?

Bleiben wir bei der Literatur und der Freude über das Ende einer transalpinen Reise. Ich habe entdeckt, dass auch Balzac den Gotthard überquert hat. Davon spricht er ganz begeistert in einem Brief vom 10. Juni 1838:

«Ich hatte eine schrecklich schöne Reise gemacht; gut, dass ich sie gemacht habe, aber es ist wie nach unserem Debakel in Russland: glücklich, wer diesen Wahnsinn erlebt hat und noch heil auf beiden Beinen steht! (...) Um ein Uhr morgens habe ich unter einem prachtvollen Mond den Gotthard bestiegen; oben habe ich im Schnee den Sonnenaufgang erlebt; das muss man einmal im Leben gesehen haben; (...) ich dachte, es würde eine an Geld und Zeit sparsame Reise werden, und habe im Gegenteil von beidem eine Menge verbraucht; aber es hat sich gelohnt; die Reise war herrlich; ich muss sie noch einmal im Sommer machen, um diese schönen Dinge in neuem Licht zu sehen. Mein Ausflug war also wie ein Traum.»

Dass ich Balzac mitgenommen habe, hat jedoch nichts mit seinem Aufenthalt in dieser Gegend zu tun. Fünf Jahre vor seiner Gotthardüberquerung, als Balzac vierunddreißig Jahre alt ist, findet er, es mangele an einer exakten Wissenschaft, die sich mit der Art der menschlichen Fortbewegung befasst. Er befragt die Literatur, stellt fest, dass zwar von der Fortbewegungsart der Tiere die Rede ist, dass man einiges über das Skelett und die Beinmuskulatur des Menschen weiß, dass aber zu diesen Beobachtungen eine auf Hypothesen und systematischen Daten beruhende Theorie fehlt. Er empört sich darüber, macht sich über die faulen Wissenschaftler lustig, die eine so selbstverständliche Aufgabe noch nicht erledigt hätten, und beschließt, sich selbst damit zu befassen, *«ohne andere Hilfe als die der Eingebung, die uns mehr Eroberungen eingebracht hat als sämtliche Sinusse und Kosinusse der Wissenschaft»*.

Das Ergebnis ist die «Théorie de la démarche», die Theorie des Gehens, ein Text, der 1833 als langer Artikel in «L'Europe littéraire» erscheint. Mein Exemplar wurde 1990 publiziert, mit hübschen Illustrationen, die die Bewegung eines Gehenden fotografisch, wie in Zeitlupe, zerlegen. Ein schönes Büchlein, in dem ich viele Passagen unterstrichen habe. Balzac übernimmt die Rolle des Pioniers, will eine neue Disziplin erfinden, für die er nicht speziell ausgebildet ist. Überzeugt von seinem eigenen Genie, spricht er bereits selbstbewusst darüber. Sein Text beginnt mit folgender Formulierung, die einer gelehrten Abhandlung entnommen sein könnte: *«Beim gegenwärtigen menschlichen Erkenntnisstand ...»* Dann nummeriert er die Hypothesen durch, bespricht sie mit seinen Zeitgenossen. Gibt hin und wieder selbstironische Kommentare ab: Selbst als Genie merke man, dass für eine universelle Theorie Beobachtungen größeren Ausmaßes nötig sind als solche auf den Pariser Boulevards.

Auf einer Caféterrasse am Boulevard de Gand (heute Boulevard des Italiens) hält Balzac in allen Details schriftlich fest, wie die Passanten vorbeilaufen. Er ist nicht der Einzige, der sich einem solchen Zeitvertreib hingibt, ich erinnere mich, dass ich dasselbe Spielchen allein am Fenster eines New Yorker Cafés betrieben habe, in dem die Gäste mit Blick zur Straße auf Hockern nebeneinander saßen wie bei einer Modenschau. Dass ich mir einen

Spaß daraus gemacht habe, Beruf oder Alter der auf dem Trottoir Vorbeilaufenden zu erraten. Und Balzac fragt sich:

«Sollte ich herausfinden, wogegen sich die lasterhaften Arten des Gehens versündigen? Sollte ich herausfinden, welche Regeln strikt zu beobachten hat, wer auf schöne Weise gehen will? (...) Sollte ich untersuchen, ob die Alten einen schönen Gang hatten, welches Volk unter allen Völkern sich durch seinen Gang hervortut, ob Boden und Klima sich irgendwie auf den Gang auswirken?»

An Balzac denke ich, während ich versuche, mich auf meiner Wanderung nach Mendrisio selbst zu beschreiben. Zunächst steige ich im morgendlichen Schatten des Waldes einen steilen Hang hinauf. Die Gegend wurde wegen ihrer Gesteinsressourcen zum UNESCO- Weltkulturerbe erklärt, Bauten sind selten. In Serpiano geht mein Blick von der Terrasse eines Hotels, das deutschsprachige Gäste anlockt, auf den Luganersee. Milde Kastanienfrische und Palmenarrangements lassen an eine neapolitanische Kulisse denken. Mehrere Tafeln geben Auskunft über das Alter der hier anzutreffenden Sedimente. Fossilien in Hülle und Fülle. Geschütztes Kulturgut, nicht der kleinste Stein darf mitgenommen werden. Die, die man mit Füßen tritt, sind zweihundertvierzig Millionen Jahre alt. Zum ersten Mal denke ich über das Alter der Steine nach. Der Kalkstein im Jura zum Beispiel soll nur etwa hundert Millionen Jahre alt sein. Kein Mensch und kein Menschenvorfahre hat seine Entstehung miterlebt. Ich kann nicht umhin, ein Stückchen Schiefer aufzuheben, schaue es mir genauer an, betaste es und werfe es ein Stück weiter wieder weg. Es hat eine Zukunft vor sich, bei der mir schwindelig wird.

Nach einem Kruzifix in 670 Metern Höhe Abstieg in ein Dorf, dessen Fossilienmuseum ich nicht besichtigen werde. Ich laufe an Zollbeamten vorbei, die mit ihren Hunden patrouillieren. Auf einer Lichtung durchsuchen sie auf der Jagd nach Migranten eine Kapelle. Für mich sieht sie verlassen aus, ihnen kommt sie verdächtig vor.

Der Weg zum 350 Meter tiefer gelegenen Mendrisio führt steil bergab inmitten des Lärms einer betriebsamen Ebene. Sie überragt ein Geflecht aus Straßen, Schienen, Rollfeldern. Die Fabriken der Gegend beschäftigen vor allem italienische Grenzgänger. Einige mit Stacheldraht umzäunte und rundum mit Kameras kontrollierte Anlagen sind besser bewacht als Gefängnisse, besser als die Südgrenze.

Gerade wird eine Gruppe von etwas zu sonnengebräunten jungen Leuten einer Identitätsprüfung unterzogen. Vier Uniformierte sind aus einem grauen Lieferwagen gesprungen, mit Gesichtern, als hätten sie einen guten Fang gemacht.

Mich behelligt niemand, und am nächsten Tag mache ich mich ein letztes Mal auf den Weg. Zuerst die Durchquerung jenes Gewerbegebiets im Mendrisiotto, in dem die Initiativen der verehrten Herrschaften Markt und Spekulation die Stadtplaner in Verlegenheit gebracht haben. Lagerhallen, Straßen, Fabriken, Unterkünfte, Supermärkte, Baustellen und Bretterzäune, ein einziges Durcheinander, in dem man sich irgendwann nicht mehr zurechtfindet. Danach die Rückkehr zu etwas mehr Natur.

Nach einem Abstieg in einen Geopark mit hübschem Wasserfall und einem Bassin, in dem Kinder ihren Eltern Schrecken einjagen, steige ich jenseits der Schlucht wieder bergauf. Letzter Kraftakt der Reise, um zur Kirche von San Martino auf 740 Metern zu gelangen, von wo aus der Blick über die italienischen Autobahnen hinweg bis nach Como und zum Comersee geht.

Allerletzte Begegnung, als ich gerade meine Reserve an Trockenobst- und Müsliriegeln vertilge. Eine volle Mahlzeit, absolut unnötig, nur aus Freude daran, vor der Ankunft meine Munition zu verpulvern. Während ich meine Reste vernichte, erzählt mir ein Mann meines Alters sein Leben. Als ich ihm sage, ich hätte die Strecke von Porrentruy bis hierher zu Fuß zurückgelegt, will er mir beweisen, dass auch sein Lebenslauf nicht ganz uninteressant ist. In Sagno, dem Dorf, das man weiter unten erkennt, war er Briefträger. Seit achtunddreißig Jahren wohnt er neben dem Friedhof. Er war wegen einer jungen Frau hergezogen, die er geheiratet hat. Sie hat ihr Leben lang zu Hause als Uhrmacherin gearbeitet. Hat sich vormittags, nachmittags und bis spät abends mit ihren Uhren beschäftigt. Und jetzt, da beide in Rente sind, würde sie gern reisen. Ihn aber, der früher große Lust dazu hatte, reizt es nun nicht mehr, er findet sich zu alt. «Ich habe meiner Frau gesagt, siehst du, jetzt ist es zu spät. Statt sich über ihre Uhren zu beugen, hätte sie ans Meer mitkommen sollen, ich bin ohne sie hingefahren, sie hat es nie gesehen, selber schuld.»

Es gibt Unterhaltungen, da muss ich meine Meinung nicht kundtun. Ich frage ihn nach den wilden Pferden im Valle di Muggio. Vor ein paar Jahren habe ich erfahren, dass eines Tages eine Herde aus etwa zwanzig Pferden von ihrem italienischen Besitzer auf Schweizer Gebiet zurückgelassen wurde. Sie leben hoch oben im Gebirge, dort, wo auf der Kammlinie die Grenze verläuft. Weder Zöllner noch Bauern, Jäger, Schmuggler oder Migranten machen ihnen ihren Status als wilde internationale Vagabunden streitig. «Ja», sagt der einstige Briefträger, «die sind immer noch frei.»

Ich laufe ohne Pause bis nach Chiasso hinunter. Eine Stunde später gönne ich mir ein Bier vor einer Kneipe am Bahnhof. Ein Polizeiwagen hat gerade zwei junge Afrikaner in die Zange genommen. «Was suchen die hier in der Schweiz?», höre ich einen Gast sagen. Niemand antwortet ihm, derweil ich erneut einen Blick in meinen Balzac werfe. Er zählt die Gangarten auf, mit denen er sich wird befassen müssen: die der Seeleute, der Soldaten, der Menschen, deren *«Wanst das Gleichgewicht zwischen den Körperteilen»* stört, derer, die aussehen, *«als fürchteten sie, Eier zu zerbrechen»*. Und es geht weiter: *«Wieder andere scheinen sich allein durch die Kraft ihrer Arme fortzubewegen. Ihre Hände gleichen Rudern, mit denen sie steuern.»* Er begeistert sich: *«Hieß es jetzt nicht: analysieren, abstrahieren und klassifizieren? Klassifizieren, um Regeln aufstellen zu können! Regeln aufstellen, das Gesetzbuch des Gehens verfassen.»*

Was hätte wohl Balzac über die Gangart dieser beiden völlig legalen Afrikaner gedacht, bei denen die Polizisten nichts zu bemängeln fanden? Und über meine? Die eines erschöpften und plötzlich wieder munteren Typen, der sich freut, dass er den letzten Bahnhof seines Landes erreicht hat, wo er den Zug besteigen wird, um nach Hause zu fahren.

Quellen – Verzeichnis der «Weggefährten»

Bräker, Ulrich
«Der arme Mann im Tockenburg», Reclam, Stuttgart 2005, S. 140, 195. → **75, 76**

Constant, Benjamin
«Adolphe», aus dem Französischen von E. W. Skwara, Matthes & Seitz, Berlin 2020, S. 40. → **28**

Brief an Isabelle de Charrière, Lausanne, 21.10.1794, in: Charrière, Isabelle de, «Caliste ou Lettres écrites de Lausanne», J. Labitte, Paris 1845, S. 309. → **25**

Dunant, Henry
«Eine Erinnerung an Solferino», hg. vom Schweizerischen Roten Kreuz, Zürich 1961, S. 119. → **85**

Dürrenmatt, Friedrich
«Die Entdeckung des Erzählens. Gespräche 1971–1980», hg. von Heinz Ludwig Arnold, in Zusammenarbeit mit Anna von Planta und Jan Strümpel, Diogenes, Zürich 1996, S. 160. → **51**

«Die Schweiz – ein Gefängnis», Rede auf Václav Havel, mit einem Gespräch des Autors mit Michael Haller sowie einer Rede von Bundesrat Adolf Ogi, Diogenes, Zürich 1997, S. 12–13. → **53**

«Schweizerpsalm III», in: «Sonntags-Journal», 23./24. Januar 1971. → **53**

Frisch, Max
«Der Mensch erscheint im Holozän. Eine Erzählung», Suhrkamp, Frankfurt am Main 1981, S. 103, 64, 60, 101, 142. → **174, 175, 176, 178**

Goethe, Johann Wolfgang von
«Goethes Schweizer Reisen», hg. von Paul Stapf, Einleitung von Ernst Merian-Genast, Birkhäuser, Basel 1958, S. 247–249. → **153, 154, 157, 158**

Gotthelf, Jeremias
«Die Wassernot im Emmental», Eugen Rentsch, Erlenbach – Zürich 1925, S. 12, 19, 33, 53. → **121, 122, 123**

Hesse, Hermann
«Die Fremdenstadt im Süden», in: «Die Fremdenstadt im Süden. Ausgewählte Erzählungen», Diogenes, Zürich 1977 (SV 1975), S. 337, 339, 340. → **182, 184**

«Gesammelte Werke», Bd. 6, Suhrkamp, Frankfurt am Main 1987, S. 136. → **181**

«Hier war das Leben möglicher. Hermann Hesse im Tessin» (Nachwort), in: «Hermann Hesse, Tessin. Betrachtungen, Gedichte und Aquarelle des Autors», hg. und mit einem Nachwort von Michels Volker, Suhrkamp, Frankfurt am Main 2017, S. 315–334, hier S. 321. → **180**

Hohenheim, Theophrast von (gen. Paracelsus)
«Archidoxes de Théophraste. Commentaire des aphorismes d'Hyppocrate – La philosophie aux Athéniens», aus dem Deutschen von Charles Le Brun und Ruth Klemm, Éditions Dervy, Paris 2006. → **71**

Honoré de Balzac
«Theorie des Gehens», in: «Pathologie des Soziallebens», aus dem Französischen von Christiana Goldmann, Reclam, Leipzig 2002, S. 111, 98, 118, 132, 133, 144, 122. → **187, 188, 191**

Hugo, Victor
«Voyages en Suisse», L'Âge d'homme, Poche Suisse, Lausanne 1982. → **117**

Keller, Gottfried
«Verschiedene Freiheitskämpfer», Benteli, Bern 1949, S. 38. → **149**

Kristof, Agota
«Gestern», aus dem Französischen von Carina von Enzensberg und Hartmut Zahn, Piper, München 2015, S. 14, 13. → **103, 105**

Ramuz, Charles-Ferdinand
«Der Besuch des Dichters», aus dem Französischen von Hanno Helbling, Limmat, Zürich 1987. → **31**

«Notre ‹naturisme›», in: «Œuvres complètes», Bd. 12, Éditions Rencontre, Lausanne 1968. → **33**

Renfer, Werner
«Le dialogue ininterrompu», hg. von Hughes Richard, Éditions du Pré-Carré, Porrentruy 1978. → **100**

Reynold, Gonzague de
«Défense et Illustration de l'Esprit suisse», La Banconnière, Neuchâtel 1939. → **110, 111**

Rimbaud, Arthur

Butor, Michel
«Versuch über Rimbaud», aus dem Französischen von Beate Thill, Rimbaud, Aachen 1994, S. 147. → **164**

Rimbaud, Arthur
«Korrespondenz, Briefe, Texte und Dokumente», Bd. 1 1868–1886, aus dem Französischen von Tim Trzaskalik, Matthes & Seitz, Berlin 2018, S. 327, 328. → **161, 164**

Rousseau, Jean-Jacques
«Bekenntnisse», aus dem Französischen von Ernst Hardt, Insel, Frankfurt am Main 1985, 2. Buch, 1728–1731, S. 101–102. → **35**

«Bekenntnisse», aus dem Französischen von Ernst Hardt, Insel, Frankfurt am Main 1985, 4. Buch, 1731–1732, S. 257. → **37, 38**

«Bekenntnisse», aus dem Französischen von Ernst Hardt, Insel, Frankfurt am Main 1985, 9. Buch, 1756–1757, S. 573. → **36**

«Emil oder Über die Erziehung», vollständige Ausg. in neuerer deutschen Fassung besorgt von Ludwig Schmidts, Ferdinand Schöningh, Paderborn/München/Wien/Zürich 1971, 5. unveränd. Aufl. 1981, 2. Buch, «Übung der Organe und Sinne, Kleidung, Schlaf», S. 119. → **36**

Schwarzenbach, Annemarie

Schwarzenbach, Alexis
«Die Geborene. Renée Schwarzenbach-Wille und ihre Familie», Scheidegger & Spiess, Zürich 2004, S. 381. → **21**

Schwarzenbach, Annemarie
«Das glückliche Tal», mit einem biografischen Nachwort von Charles Linsmayer, Huber, Basel 3. Aufl. 1988, S. 124–125, 223. → **22, 23**

Staël, Germaine de (Madame de Staël)
«Delphine», Edition Aurélie Foglia, Gallimard, Paris 2017. → **26**

Stendhal
«Mémoires d'un Touriste» (Éd. 1838), Hachette, Paris 2012, 15.05.1837. → **92**

«Rot und Schwarz», aus dem Französischen von Elisabeth Edl, Carl Hanser, München 2004, S. 675, 98, 94. → **88, 90, 94**

Tolstoi, Leo
«Luzern», in: «Sämtliche Erzählungen», Bd. 1, hg. von Gisela Drohla, Insel, Frankfurt am Main 1961, S. 521, 520, 532, 540–541. → **63, 64, 66**

Walser, Robert

Seelig, Carl
«Wanderungen mit Robert Walser», Suhrkamp, Frankfurt am Main 1977, S. 77, 78. → **78, 79**

Walser, Robert
«Geschwister Tanner», Suhrkamp, Frankfurt am Main 2007. → **80**

«Schnee», in «Kleine Dichtungen», Suhrkamp, Frankfurt am Main 2016, S. 177–178. → **81**

Der Autor

Daniel de Roulet, geboren 1944, war Architekt und arbeitete als Informatiker. Seit 1997 Schriftsteller. Autor zahlreicher Romane und Essays, für die er mit verschiedenen Preisen ausgezeichnet wurde. Für sein Lebenswerk erhielt er 2019 den Grand Prix de Littérature der Kantone Bern und Jura (CiLi). Im Limmat Verlag sind dreizehn Titel von ihm lieferbar, zuletzt erschienen «Staatsräson», «Zehn unbekümmerte Anarchistinnen» sowie «Brief an meinen Vater». De Roulet lebt in Genf.

Die Übersetzerin

Maria Hoffmann-Dartevelle, geboren 1957 in Bad Godesberg, studierte Romanistik und Geschichte in Heidelberg und Paris. Als freiberufliche Übersetzerin tätig. Übersetzte neben Sach- und Kinderliteratur Romane und Essays aus dem Spanischen und Französischen, darunter Amélie Plume, César Aira, Elena Poniatowska.

«Lesen Sie Daniel de Roulet!»
literaturblatt.ch

Daniel de Roulet
Staatsräson
Roman

Herbst 1977: Deutschland sucht fieberhaft nach dem von der RAF entführten Arbeitgeberpräsidenten Hanns Martin Schleyer, im Jura rebellieren die Separatisten für einen unabhängigen Kanton – da verschwindet der Offiziersaspirant Flükiger bei einer Nachtübung und wird nach einem Monat in Frankreich tot aufgefunden. Selbstmord, wird erklärt, was kaum jemand glauben mag.

In Paris erhält Niklaus Meienberg das Angebot einer großen deutschen Zeitung für eine Artikelserie. Beim «Tages-Anzeiger» hat er Schreibverbot. Meienberg fährt in den Jura. Auf dem Rücksitz seines Motorrads sitzt die Tochter des Bundespräsidenten Kurt Furgler, der sich für einen Kanton Jura einsetzt. Meienberg will eine Artikelserie schreiben und als Höhepunkt endlich Kurt Furgler interviewen. Aber was war mit Flükiger? Wurde er von Schmugglern ermordet? Oder kam er der RAF in die Quere? Den Separatisten? Dann werden nach einer Schießerei im Jura zwei Mitglieder der RAF verhaftet, Polizist Heusler, der im Fall Flükiger ermittelt, wird erschossen, und ein jurassischer Wirt an einer französischen Autobahn tot aufgefunden.

Mit Hilfe der fiktiven Recherche Meienbergs erzählt Daniel de Roulet von drei Todesfällen, die bis heute nicht überzeugend aufgeklärt wurden und die im Dunkel der Geschichte zu versinken drohen.

«Literarische Bravour.» *Aargauer Zeitung*

Daniel de Roulet
Zehn unbekümmerte Anarchistinnen
Roman

1872 weilt Bakunin in der Uhrenstadt Saint-Imier im Schweizer Jura, wo die Antiautoritäre Internationale gegründet wird. Zehn Frauen werden von den Freiheitsideen angesteckt und beschließen, nach Südamerika auszuwandern, um dort ein herrschaftsfreies Leben auszuprobieren. Als Kriegskasse beschafft sich jede eine Longines 20A.

Zwar beginnt es schlecht, von den beiden vorangegangen Frauen, dem Liebespaar Colette und Juliette, trifft bald die Nachricht ihres gewaltsamen Todes ein. Trotzdem machen sich die andern acht auf den Weg. Mit einem Schiff, auf dem auch Verbannte der Pariser Kommune eingesperrt sind und auf dem Émilie bei einer Geburt stirbt, gelangen die übriggebliebenen sieben nach Punta Arenas in Patagonien, wo sie gemeinsam eine Bäckerei und eine Uhrmacherwerkstatt aufbauen. Sie trotzen machistischen Kolonialbeamten und verfolgen in Freiheit ihr Liebesleben, jede nach ihrem Geschmack.

Auf der Basis historischer Dokumente und mit Hilfe seiner Imagination erzählt Daniel de Roulet das Schicksal von zehn Frauen, die in einer Zeit, die ihnen nichts zu bieten gewillt war, die Freiheit suchten.

«Ein Mutbuch, das einem beim Lesen durch lebhafte Debatten darin reifender Anarchiegedanken vor Augen führt, dass es schon reichen kann, Momente der Freiheit zu erobern, für die sich der ganze Rest lohnt.» *Stadtkind*

Daniel de Roulet
Wenn die Nacht in Stücke fällt
Ein Brief an Ferdinand Hodler

In einem persönlichen Brief an den großen Maler Ferdinand Hodler erzählt Daniel de Roulet von der Faszination, die er für die Gemälde dieses Künstlers hat, insbesondere für die berühmten Bilder seiner sterbenden Geliebten Valentine.

Hodler war bereits ein erfolgreicher Künstler, als er der Pariserin Valentine Godé-Darel begegnete. Sie stand ihm Modell, sie verliebten sich, bekamen ein Kind. Dann erkrankte Valentine an Krebs. In mehreren hundert Bildern, Skizzen und Zeichnungen hielt der Maler das Leiden und Sterben seiner Geliebten fest. Ein in der Kunstgeschichte einzigartiges Ereignis und ein berührendes Denkmal für Valentine.

Die Begegnung und die leidenschaftliche Liebe zu Valentine wurden entscheidend für Hodler. Sie war es, die ihn inspirierte und beeinflusste, durch sie fand er zu seiner späten Freiheit und schuf ein Werk, das universelle Gültigkeit hat. In eleganten Sätzen verteidigt Daniel de Roulet diese Liebe ebenso, wie er für den Maler eintritt gegen politische Vereinnahmungen und plakative feministische Kritik.

«Ein Bijou!» *Buchhandlung Librium*

«Der Roman ist ein leidenschaftliches Bekenntnis zu Ferdinand Hodler – und seiner Einzigartigkeit als Mensch und Künstler.» *Bieler Tagblatt*

Die Übersetzerin dankt dem Beauftragten der deutschen Bundesregierung für Kultur und Medien (im Rahmen des Programms «NEUSTART KULTUR») vom Deutschen Übersetzerfonds sowie dem Ministerium für Wissenschaft, Forschung und Kunst Baden-Württemberg für ihre Fördermittel im Jahr 2021.

Dieses Buch wurde mit finanzieller Unterstützung durch den Förderverein des Limmat Verlags realisiert.

Die Übersetzung wurde unterstützt von der Pro Helvetia, Schweizer Kulturstiftung, und der Oertli Stiftung, Zürich.

prohelvetia

Das *wandelbare Verlagsjahreslogo* auf Seite 1 zeigt Blätter von einheimischen Bäumen, Linoldruck von Laura Jurt, Zürich, laurajurt.ch

Der Limmat Verlag wird vom Bundesamt für Kultur mit einem Strukturbeitrag für die Jahre 2021–2024 unterstützt.

Umschlagbild: Hans Emmenegger, *Sonnige Weide,* 1904, Öl auf Leinwand, fK681, Schweizerische Eidgenossenschaft, Bundesamt für Kultur, Bern. Foto: SIK-ISEA, Zürich (Martin Stollenwerk)

Vor- und Nachsatz: Die Schweizerkarte wurde freundlicherweise von Werner Blaudszun zur Verfügung gestellt und durch den Verlag bearbeitet.

Lektorat: Monique Zumbrunn
Korrektorat: Beate Bücheleres-Rieppel
Typografie und Umschlaggestaltung: Trix Krebs
Druck und Bindung: Friedrich Pustet, Regensburg

Titel der Originalausgabe: *La Suisse de travers,*
Éditions Héros-Limite, 2020

ISBN 978-3-03926-032-4

www.limmatverlag.ch

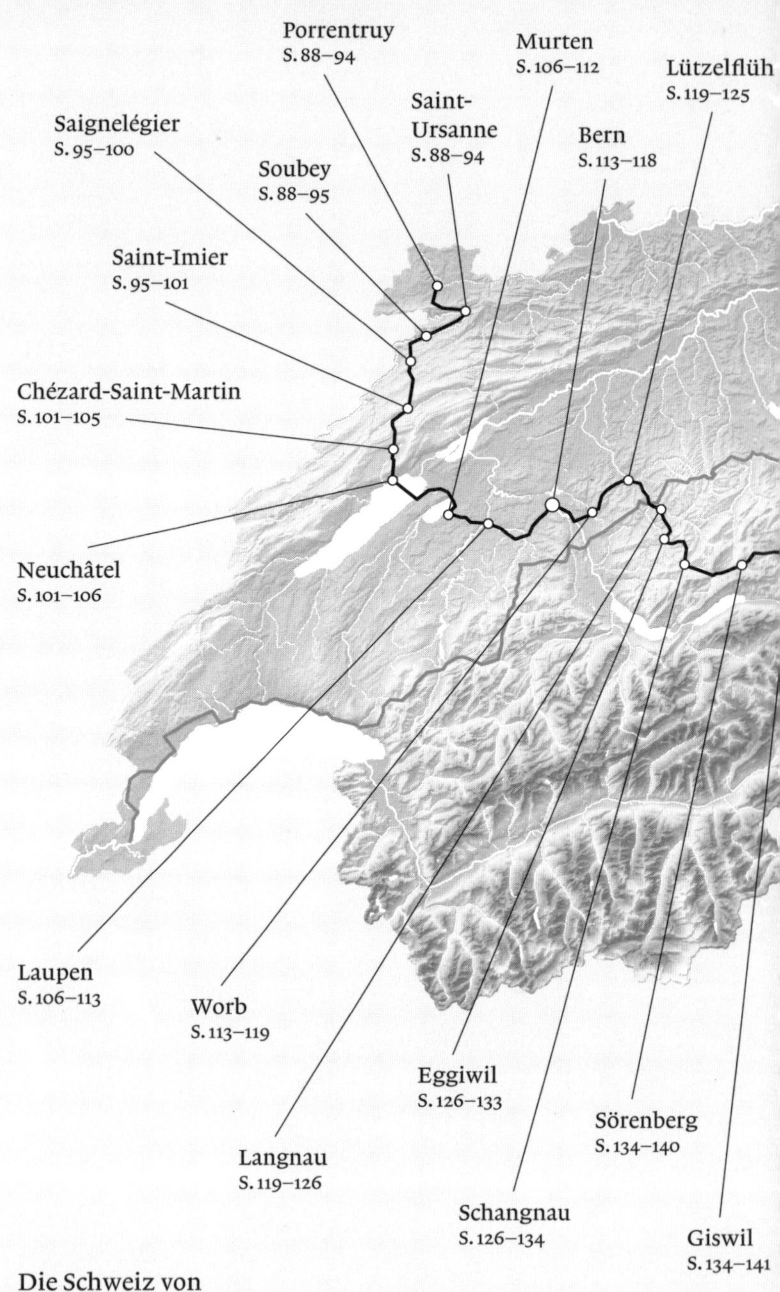

Die Schweiz von
Norden nach Süden